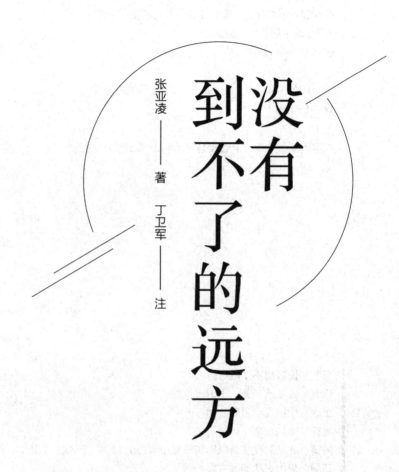

张亚凌 —— 著

丁卫军 —— 注

没有到不了的远方

中国友谊出版公司

图书在版编目（CIP）数据

没有到不了的远方 / 张亚凌著；丁卫军注 . —— 北京 : 中国友谊出版公司 , 2024.1
ISBN 978-7-5057-5744-8

Ⅰ . ①没… Ⅱ . ①张… ②丁… Ⅲ . ①作文 – 初中 – 选集 Ⅳ . ① H194.5

中国国家版本馆 CIP 数据核字 (2023) 第 222074 号

书名	没有到不了的远方
作者	张亚凌　著　丁卫军　注
出版	中国友谊出版公司
发行	中国友谊出版公司
经销	北京时代华语国际传媒股份有限公司　010-83670231
印刷	唐山富达印务有限公司
规格	880 毫米 ×1230 毫米　16 开
	12 印张　171 千字
版次	2024 年 1 月第 1 版
印次	2024 年 1 月第 1 次印刷
书号	ISBN 978-7-5057-5744-8
定价	49.80 元
地址	北京市朝阳区西坝河南里 17 号楼
邮编	100028
电话	（010）64678009

目　录

第一章
成长之旅

第二章
至亲至爱

第三章
诗意生活

第四章
人海温情

第五章
往事再现

第一章

成长之旅

伴我走过泥泞的人

"正儿八经"一词，写足了小女孩无可奈何又装模作样的情态，成功开启下文从"逃学"到"爱学"的成长蜕变之旅。

小时候，被母亲逼着上学，为了逃学使尽法子，终究胳膊拧不过大腿，只能正儿八经地上学了。说"正儿八经"有点惭愧，只是不再逃学了，至于心在哪里，只有我自己知道。

刚开始，我很不适应，上课反应不是慢，而是很迟钝。连老师开个玩笑或同学调皮捣蛋，我都是看见周围人哈哈大笑，才想起此处应该笑，便配合着傻笑。以至于今天条件反射般，在某些场合，别人一开玩笑说"此处应该有……"，我就想起儿时傻傻的自己。

"傻笑"前面加上"配合"，让人对小女孩的迟钝忍俊不禁。

年幼的记忆里，窗外的世界永远比教室里美好，哪怕下雨、飘雪。倘使老师惩罚哪个顽皮淘气的孩子站在教室外面，我的心跟目光一定会陪伴他整节课。只是我的思想抛锚很安静，不易被老师察觉罢了。

至今我还记得自己二年级时的"壮举"。

"壮举"和下文的"行贿"都是大词，用在懵懂的小女孩身上，增强了语言的活泼效果。

四十多年前，一颗水果糖，舌头舔一舔又包裹起来可以吃一两个月。我破天荒地得到了两块奶糖，是大舅从北京带回来的。舍不得吃，带到了学校。我直接走进了学校门口的传达室，瞅着那个每天摇着铃儿决定上下课的老爷爷，把糖放在他的桌子上，说："给你糖，你叫下课长点，上课短点。"我很认真地说出了自己的想法。

为了不上课，二年级的小孩可谓煞费苦心。用糖块"行贿"摇铃老爷爷的"壮举"能否达成预期目标？

老爷爷将糖又放回我的兜里，笑着答应了我。不过，他也提了要求：我每天下课都要到他这里来，给他讲我在课堂上听了啥，我说得越多，他就让上课的时间越短。

我欢快地蹦着跳着离开了。那节课我很认真——下课后得给老爷爷讲啊。

我又是个较真的傻孩子，每节课下课后都会跑去找老爷爷，给他说上课听到的。走时总忘不了叮咛老爷爷，下课的铃摇得再早点，老爷爷总是乐呵呵地答应着。

瞧，小时候就这样没出息，为了少在教室待，竟然"行贿"。每节课后我都跑去给老爷爷说老师讲了啥，有时说着说着竟会提醒老爷爷，是不是该摇上课铃了，而后风一般跑回教室。

我很快乐，上课时间似乎由我掌管着。一次，给老爷爷说着说着还插了一句"上一节课是不是有点短，还没听完就下课了"。老爷爷说，哦，那下次就长点。

好像持续了多半学期，还从老爷爷那里得到过一支彩色铅笔。后来情况就变了，我好像不太笨了，还因为上课表现突出当了小组长，快乐起来了，也忙得没时间找老爷爷了。以至于每次经过传达室门口时都觉得不好意思，快快地低头走过而不敢向里看，好像是自己遗弃了老爷爷。

原以为再也不会找老爷爷了。三年级时发生的一件事，我跟老爷爷又有了联系。

班里有个很厉害的女同学，叫她A吧，她的双色圆珠笔丢了，那可是很稀罕的宝贝。也不知为什么，她断定是梅在中午活动时偷的。而我，明明看见梅一直在操场的大树下蹲着，一个人。梅，几乎就是刚上学时的我，呆笨又沉默。我就站出来为梅作证，说一定不是她拿的，我看见她那时就在操场上。

世间的事真荒唐，没道理的荒唐，我竟然因此成了梅的同伙，被霸道的A领着一群女生孤立了。

老爷爷提出条件，小女孩兑现承诺；老人慈祥睿智，孩子幼稚可爱。

对话过程全部用逗号和句号。语气越平静，越彰显"我"的重大变化——"还没听完就下课了"。

看似漫不经心的"闲笔"，饱含韵味，值得细细品味。

把孤立时的可怜
与无助写得特别
饱满，也为下文
老爷爷的再次出
场做铺垫。

或许就是那时，我察觉到小孩子可恶起来很没底线。昨天还跟你好得像亲姐妹，今天就跟 A 一起不搭理你了。作为小组长的我，连作业也收不上来了，她们拧成一股绳跟我作对。好在还有几个男生交，我还有作业送给老师。感觉自己像被扔上沙滩的鱼，可怜极了。

"过来小丫头，都到冬天了咋还有霜打的茄子？"一天，我耷拉着脑袋从传达室门口路过时，被老爷爷叫住了——他在小窗口那里冲我做鬼脸。

和"二年级"相比，
"三年级"老爷爷
的对话用了一连串
的问号。这是为什
么呢？

捧着老爷爷从火炉里取出的热乎乎的烤红薯，给他说了我可怜的遭遇。老爷爷笑了，说傻丫头，人要捏，也是拣软柿子捏，你越弯下腰，越方便人家骑上去。腰挺直，谁都不怕，学校还能没王法了？有老师哩，怕啥？

从传达室里出来，我就回到教室里收作业。

一个问号一个感
叹号，写出了"我"
的理直气壮，终于
走过泥泞蜕变成
一个爱学习、敢担
当、有方法的"小
天鹅"。

"你不交？我给老师说去！"我大声说出这句话时，好些同学受了惊吓般抬起了头。那个同学似乎也很吃惊，取出了作业，我一把夺过。后面的作业，收得出乎意料的顺利。

收作业事件后，有些同学又主动跟我说话了，连 A，在我面前也不再嚣张。

"又"字用得真
好。人生路上，
也许"又"会遭
遇泥泞，但是肯
定会"又变得欢
快起来"！

我给老爷爷说时，他笑了，说你可不能欺负别的娃娃哟。我像鸡啄米般使劲地点着头。

日子又变得欢快起来……

抱抱曾经的自己

突然滋生出一个很奇怪的念头：抱抱曾经的自己。

如果可以，我想回到七岁时的那个夏日。

我不想说天有多热，经常跟在我屁股后面蹦来跳去的虎子，它只是趴在地上不停地吐着舌头，任我怎么拉怎么扯就是装作赖皮般一动不动。七岁的我拎起镰刀就跟着母亲走向麦地。

母亲的胳膊一划拉，就揽住了四行麦子，一镰下去，都放倒了，脚一挑，就是一堆，割得很快。我只割两行，也只是一行一行、一小把一小把地割。很快，就被母亲远远地甩在了后面。

想赶上母亲，心一急，手下就出错了。一镰下去，割破了自己的鞋面，还有脚背，疼得龇牙咧嘴。脱了鞋袜，一道血口子。我没有喊没有叫，就像母亲平日里处理伤口那样，抓了一点土，在手里捻得绵绵的，而后撒在流血的伤口上。看着母亲不直腰地挥动着镰刀，我将那只袜子塞进兜里，忍着疼，继续往前赶，只是比刚进地时割得更慢了。

母亲性急，似乎她已经听到了麦粒炸裂的声音，头也不回地催促着我，"快点，手底下快点"。她打了个来回到了我的跟前，见我绷着脸慢吞吞地，就踹了一脚，骂了句，"没听见麦子都炸开了"，而后继续弯腰猛割。

母亲知道天很热，热得人直流汗，却不晓得汗水流到伤口的疼。

那天临近傍晚，她照例拉我到池塘边冲洗，我死活不下去，

"抱抱曾经的自己"，既是扣题，又是悬念。

虎子的表现既正面衬托天气的炎热，又侧面衬托七岁小女孩的艰辛。

脱鞋袜，抓土，捻绵，撒泥……七岁小女孩处理伤口的动作，竟然如此有条不紊。

"催促""踹了一脚，骂了句"就像冬天的水龙头，不断向七岁小女孩的心房注入冰冷的委屈。

她才瞅见了我没穿袜子的那只脚，还有脚背上的伤。"没事，都结痂了，两天就好了。"母亲说时语气很轻松，就像受伤的是别人家的孩子。

她或许不知道，一个七岁的小孩子，自己受伤了很疼很想休息却不忍心丢下母亲独自割麦子的矛盾心理吧？

如果可以，我想回到过去，抱抱那个小孩。我的脸颊会轻轻地贴在她的小脸蛋上，说：好样的，你真是个乖孩子。

如果可以，我想回到十岁那年。

那时我上三年级，考试没考好，很伤心，老师表扬别的孩子就像在批评我。母亲从没问过我的成绩——农活多得她都没时间直起腰来，哪会关心这些闲事情？可我却不敢直视母亲的目光，似乎她什么都知道。

那时，如果没记错，应该是一块橡皮二分钱，一支铅笔五分钱，一个本子八分钱。家里是不会经常给我钱买学习用具的，可努力是必须的。贫穷出智慧吧，我想到了电池里的碳棒。那时电池也是稀罕的东西，不是开玩笑，家里带电的就一个手电筒，还舍不得经常用，怕费电。还是在亲戚家找到了一节废电池，砸开，取出碳棒，我拥有了一支可以长久使用的"笔"。

学校的操场是我的练习本，碳棒是笔，反反复复写，边写边背。起先，一些孩子像看怪物一样看着我：学习不好，还显摆？我才不在乎别人的目光，只知道自己该好好写、好好背，边写边背。背了，会了，继续写，就当练字吧。后来呀，就有人开始学我了，用瓦片，用木棒——谁在乎用啥呢，反正能学习就行。

就那样，脑子并不灵光的我，渐渐地靠拢了优秀生。

如果可以，我想回到过去，抱抱那个小姑娘。我会在她耳边轻声告诉她：想自己的办法拉自己一把，谁都会像你一样走

"抱抱""轻轻"叠词连用，表现动作的轻柔与怜惜。

用废电池的碳棒做笔，这是一个多么聪明的孩子，这是一个多么卑微的愿望。

这一段以短句子为主，节奏铿锵有力，女孩毅力超常。聪明+努力+毅力，成就了优秀。

向优秀。

如果可以，我想回到十四岁那年。

那时我已经上初中二年级了，也养成了写日记的习惯，作文写得挺不错。只是，我不是一个长得清爽且伶牙俐齿讨人喜欢的孩子。或者说，总是绷着原本很黑的脸很少露出笑容。

那一年的语文老师很是奇怪，每次讲评作文，都会先说一句"这次作文写得好的有某某、某某等"，而后将点到名的学生的作文当范文读，最后总说一句，"时间有限，剩下的就不读了"。我从来没被点名表扬过，作文自然也没被读过。而翻开作文本，评语、分数往往都差不多——我一直在"等"里面，这让我欣慰又窝火。而在初一，我的作文总被前一任语文老师当范文的。

那一年每次上作文课，对我都是一场折磨，恨不得将头深深地埋进课桌兜里。而握起笔，我又告诉自己要认认真真写出自己最好的作文。

记得是三月，全县举办了一次中学生作文比赛，我是全县唯一的一等奖，也是我们学校唯一获奖的。颁奖回来，学校又召开了一次师生大会，让我在大会上读自己的获奖作文。读着读着，我的声音哽咽了。下面的掌声响了起来，他们一定认为我是声情并茂。

那一刻，我终于将自己从作文讲评课上的那个沉重的"等"里面解救出来了。

如果可以，我想回到过去，抱抱那个少女。我会揽着她的肩膀说：你真棒，陪自己走过了泥泞与黑暗！

如果可以，我想回到十八岁那年，抱抱那个在别人都已酣然入梦她依旧点着蜡烛勤奋学习的少女，没有那股刻苦劲，她怎么会在千军万马过独木桥的高考中顺利推开大学的校门？

"我"就像一位纪录片摄影师，将镜头对准自己成长路上的关键节点。每一帧光影，都在用汗水覆盖忧伤，终于成就了一段破茧成蝶的人生历程。

回望走过的路，点点滴滴都是付出都是努力。如果可以，我真的想回到过去，抱抱每一阶段里从没懈怠过的自己。感谢"她们"一路扶持，才让今天的我站在这里——至少没让自己失望。

遗失的寒冷

四十年前，站在宿舍门口，看着那萌发出新芽儿的柳枝映在斑斑驳驳的墙面上的影子，我一边感慨着"春天总算来了"，一边告诉自己：在以后所有的冬天，我再也不会有寒冷的感觉了。

也正是那一年，十三岁的我，遗失了寒冷。

一晃，四十年过去了，今天的我才尝试着触摸那段遗失寒冷的过程。

那一年，我升入初中，必须在学校住宿，遇到的第一个问题是在铺床时发生的，让我隐隐地感觉到自己和别人是有不小差异的。

别人都是先在地上铺一个厚厚的草垫，上面再铺个毡什么的，接下来才会铺上褥子，褥子上面还有个布单子，说叫"护单"，怕将褥子弄脏了。我呢，只带了褥子和被子，压根就没有其他东西铺地上，而褥子显然是不能直接铺地上的。于是我就满学校找来了一些纸片，铺在地上，才开始铺褥子。结果是：我的床铺比两边的同学低下来一截，她们都觉得我不应该夹在中间。于是，我就自觉地挪到了最边上——门口。

一个多月后，进入了真正的秋天，天彻底凉了下来。我才明白了为什么家长们都争着在最里面给自己孩子铺床：不论谁，也不管是晚自习回来还是半夜上厕所，一开门，冷风就别无选择地锁定紧挨门的我为袭击的第一目标。

记忆里，初中三年的冬天，我睡觉没有脱过一次衣服。宿

用景物描写表现"暖"，用心理描写表现"冷"。冷与暖，联手开启回忆。

用"遗失"修饰寒冷，充满悬念。

在别人厚厚的草垫中，"我"的纸片是那样的格格不入。"比两边的同学低下来一截"的，何止是床铺？

舍的地面本身就高低不平，加之我的褥子也不厚，穿着衣服躺在上面都觉得硌得难受。我睡觉时特别小心，躺上去后，向左一滚，右面的被子就压在了身子下面；再向右一滚，左面的被子也压在了身子下面。这样一来，我身子下面就有了一层褥子两层被子了。如此想来，好像自己占了谁天大的便宜，睡觉都会偷着乐。

最后一句"睡觉都会偷着乐"，真像一束光，照进寒冷的宿舍，点亮了"我"忧郁的心理。

其实别人不仅仅下面铺得厚，被子上面还压一层被子，既暖和了身子，第二天穿衣服时也不至于太凉。如今想来，我所谓的快乐，只是纯粹的阿Q精神罢了。

我的褥子几乎是直接挨着地面，地面很潮湿，褥子一揭起来，背面经常是湿漉漉的。只要有一丁点太阳的影子，我就会迫不及待地将褥子抱出去晾晒。我现在特别喜欢冬天的太阳，甚至会深情地看上半天，恐怕就源于那个寒冷的冬天我对太阳的感激吧？那时，在别人眼里，我是不是一个很可笑的女孩？来到学校似乎就是为了等太阳出来晒被子。

用"我现在"突出"我"过去的艰苦与乐观，并且让叙事节奏有了活泼的跳动感。

冬天天冷，夜长，起夜的学生也多。门一拉一合，冷风就直刮进来。抗击了半天冰冷好不容易才入睡的我，常常被冷风刺醒。于是，为了躲避寒冷，我学会了将头整个儿缩进被子里睡觉。

从来没有给母亲提及此事，也没有提醒母亲给我多带一床被子。倒是母亲有些想不通，曾给父亲说："这娃书念的，成呆子了，炕中间烧得热乎乎的，她咋老想靠墙睡觉？"现在想来，那种奇怪的反应该不会是寒冷留下的恐惧症吧？

——是那刺骨的寒风吹走了我的寒冷？

记忆里，那年冬天下雪的日子似乎很多。我也清楚地记得当语文老师看着窗外纷飞的大雪吟诵"今冬麦盖三层被，来年枕着馒头睡"时，我的泪水悄然滑落。

"我"的泪水里有哪些内涵？有没有委屈？有没有骄傲？

在我，下雪天是最最难熬的日子，包括雪后的一段时间。

不仅仅是褥子只能无奈地潮湿下去，更重要的是我只有脚上一双布鞋，不像别的孩子，还有一双换着穿的鞋子或是能踩雨雪的黄胶鞋。教室、饭堂、厕所，跑上几趟，布鞋的底儿就湿了，一天下来，就湿透了。我得满教室找别人扔的纸片，厚厚地铺在鞋里。一两节课下来，又湿透了。取出来扔掉，再找纸片再铺进去，再应付一阵。如此反反复复。纸片也不是那么好找的，本子都是很节省地用。

由前文的褥子潮湿转换到鞋子潮湿，苦难在叠加，坚强也在叠加。

雪后若有太阳，在别人吃饭时我就留在教室里。饿是可以忍受的，入骨的冰凉却是难以抵御的。等到教室里没有人了，就将凳子搬到外面，鞋脱下来，底朝上晒晒。我则盘腿坐在凳子上，搓揉着冰凉如石块的脚，让它们暖和些。

再后来，我有些开窍了：找到塑料袋，撕开，铺在鞋底，再铺上纸，就好多了，也不用不停地换纸。有一句话我信，那就是"许多智慧来自人们对贫穷的应对"。

相信读者愿意把这句话改为"许多智慧来自人们对贫穷的应对和乐观"。

更多的时候，是等着鞋自己慢慢变干。我甚至曾一度固执地认为，是我自己的身体暖和了脚，脚再暖和着鞋子，直至吸干了鞋里里外外所有的"水分"，鞋底才变干的。

——还是连续的雪天冻掉了我的寒冷？

每个周三下午，我都必须自己跑着回家取下半周吃的红薯和糜面馍馍、玉米糕。印象最深的一次，是下着大雪。

雪大风猛，我是抄小路往家里赶，有的地方雪没过了我的膝盖。很熟悉的小路也因大雪的覆盖变得陌生，以至于一脚踏空掉了下去——我把沟边当成了小路。从沟底爬上来，继续往回赶。我一推开房门，母亲愣住了，一个劲地说："照一下镜子，看你成啥样了，看你成啥样了……"

母亲对话中的反复，蕴含着多少心疼？

父亲倒了一碗热水端给我让我暖和暖和。伸手去接，明明接住了，碗却摔在了地上——手指冻僵了！走到镜子前，眼泪唰地流了下来：被雪弄湿了的头发，在风的猛刮下，直直地向上竖着。

母亲拿着梳子赶过来给我收拾头发，惊叫道，"你的头发都结了冰"。我只说道，赶紧给我装吃的，我不想迟到。背起装满干粮的布袋子，又赶往学校。

风还是那么猛，雪更大了。

我也说不清为什么，至今想起那个下午，都会泪流不止，包括此刻。

一个十三岁的小姑娘，从独自对抗过那场大雪后，她似乎再也没有畏惧过什么，包括寒冷。

接下来的两个冬天，似乎都一样，再也没有变出什么新花样折磨这个小姑娘。

这个女孩子用心灵的温暖融化了坚冰，所以那一段有关寒冷的回忆，遗失在她的坚强里。

花发卡

母亲将带我去镇上，她在前面拉着羊，我在后面用小鞭子赶着。母亲说了，卖了羊，置办了东西，就给我买个花发卡。一听花发卡，就好像有只神奇的手在挠我的胳肢窝，老想蹦着跳着敞开了去笑。

班里红艳有个花发卡，分不清是玻璃还是硬塑料，在太阳下闪闪发光。分不清不是我笨，是她都不让我靠近看，更不用说摸一下。她举着，晃着，我只能远远地看。

红艳原本就是个爱臭美的丫头，就那稀稀疏疏的几根黄毛，每天都梳不同的辫子。有了花发卡，那得意样，就像长出角的梅花鹿，总是蹦着跳着都不会好好走路啦。我敢保证，她就是戴一头花发卡，那一脸雀斑也不会少一粒。哼，戴上花发卡，反倒更让人注意到她一脸难看的雀斑。我幸灾乐祸地将这一发现悄悄地说给春妮，春妮看着我，一脸认真地说了句"反正红艳有花发卡"，撇下我的碎嘴，继续去看天上的云彩了。

我要是有了花发卡，会让全班的女娃娃使劲摸，摸完一人再戴一次，不，戴一天，晚上睡觉都戴着。当然，红艳必须在场，还有春妮，气死她们。

母亲答应给我买花发卡后，我的心就开始扑通扑通乱跳个不停，好像眨眼间花发卡就戴到头上了。我在后面挥着小鞭子，才不忍心落在羊身上，羊毛挨了鞭子不好看，没人买，花发卡不就没了着落？

天哪，担心的事情果然发生了。

刚出村口没走多远突然下起瓢泼大雨，我们拉着羊赶紧往回跑，到村口路边最近一家的屋檐下躲雨。因了花发卡的搅和，我满心里都是疙疙瘩瘩，恨不得跳起来扇老天爷耳光，让你下雨，让你再下。

一个挎着笼的女人从村外跑过来。母亲往里挤了挤招呼着："赶紧过来，赶紧过来，别把人淋感冒了！"两人只说了几句话，就拉扯出彼此亲戚的亲戚是亲戚，立马亲近得像多年没见的好姐妹。

她一看就是个热闹人，说话间就从笼里取出个绿皮小瓜。"刚摘的，咱地里的。尝尝，甜得很。"

"我"是真的担心母亲"从羊身上揪几根羊毛给人家"吗？

母亲自然推辞着，她是轻易不拿别人东西的。拿了，一准得还情分，总是拿一升还一斗。那会儿啥都没带的她，总不至于从羊身上揪几根羊毛给人家吧。

"客气啥，都是亲戚了。不是这一场雨，哪能知道这村里还有门亲戚？"那女人也很实诚，不像手往前伸胳膊肘往后拽的假客气。临走，我已经改口叫她姨了。姨还硬给我们留了几个香瓜，拍着我的头说："明儿跟你妈来姨家，姨给摊煎饼吃。"

第二天，母亲真烙了几个油酥饼带我去了姨家。姨家还有个小姐姐，只比我高两级，墙上都是小姐姐"三好学生"的奖状。要知道"三好学生"每班每学期只有两个，必须是成绩前五名才能参加评选，还得全班同学举手投票。她每次都前五，还是一直第一？想问，却不好意思，自家的成绩实在提不到人前面。

首先描写小姐姐的神态。字里行间蕴藏着"我"的崇拜。

"数学科第一名。"她的眼睛水汪汪的泛着光闪着亮，脑子一定更清爽，哪像我，啥时候都是迷迷瞪瞪没睡醒的样子，难怪数学老不及格，记得都上二年级了遇到加减，还离不开画道道。

还有"语文科第一名"？那她总分一定是第一了，已经双第一。我都开始怀疑自己是不是遇上神仙姐姐了。

我一直跟小姐姐在一起。她是看着很安静又不缺少热情的那种，不咋像姨，姨热情张扬。小姐姐竟然有好多语文课本以外的书，没有语文书厚，有大有小。她说那叫杂志，也是一种书，是城里的大伯给她带回来的。小姐姐很慷慨地送给我两本。

拿到那两本书后，我就不停地暗示母亲该回家了。在回去的路上我就开始看那两本杂志。不对，不是看，是读，像读语文课本一样，一字一句地读，甚至读出声来。偶尔抬头跟母亲对视，我们都很欢喜。也记得那天一回家我就坐在院台子上接着读，直读到月亮上来。我也第一次产生了疑问：会不会好看的都在语文书之外？也是那以后，我开始搜寻书，只为了读时的开心。

还记得在小姐姐家的桌子上，我也看到了一个花发卡，跟红艳的一样好看，竟然没有摸摸的想法。那一刻我满脑子都是遇到神仙姐姐的欢喜，哪顾得上一个花发卡？读书的滋润，是戴上满头花发卡也比不上的。又或许，书也是真真正正戴在头上的无比漂亮又隐形的花发卡，会让我变得更好看。

一有机会，我就想去姨家。每次去，心眼多的我就央求母亲给姨给小姐姐带点好东西。那时候家家的日子都不大好过，哪有那么多的好东西送人？有一次我竟将家里最好看的一盆花端到姨家，说送给小姐姐的。据说我当时还拍了个很漂亮的马屁，说姐姐好看得像花，就送盆花给她。

好像那时跑姨家找小姐姐，不仅仅是想看书，更乐意看着小姐姐，只是看着她就行，也不用她搭理我。她做自己的事，我在一旁安安静静地看她的书。看看书，看看她，慢慢地就向小姐姐看齐了。

小姐姐送的书像不像一轮明月？照亮了"我"荒芜的心田，也照亮了"我"的阅读之旅。

朝思暮想的花发卡，轻易败给了书，突出了书对"我"的吸引力。

为了看书，"我"也是费尽了心思。

这就是好的结尾，既扣住题目"花发卡"，又升华到"书滋养舒展了我的心"。

原本只想要个显摆的花发卡，不承想得到了更漂亮的发卡——遇见了姐姐，见识了课本之外的书。书滋养舒展了我的心，看着姐姐活成了她好看的模样。

别怕，向前再迈一步

刚上初三那会儿，一定是我最最疲惫不堪的时期，以至于开始怀疑自己的智商，是不是真的就像别人说的"满满一斗，鸡啄了一口"——不够数。

一上数学课，我的脑子就成了糨糊，绝对是高黏度谁也搅不开的糨糊：

越集中注意力越跟不上趟，越要自己认真静心脑子越像千军万马飞奔而过的跑马场——扬起的飞尘隔断了我对知识的接收。连我自己都搞不懂是没听懂还是压根就没听进去，节节课下来，脑子乱糟糟的，以至于我都想把脑子拎出来用手好好捋一捋，看看到底哪里短路了。

上课没听懂，问同学，讲解时我听得很清楚，可一握笔，又不会了。再问别的同学，照旧。天哪——莫非我真笨到不可救药登峰造极了？真恨不得拎起自己的头发，把那个蠢货扔进太平洋！

我觉得自己再坚持不下来了，想想也是：跟我一道从赵家村小学考进坊镇中学的有四十多个孩子，辍学的很多，到初三就只剩下五个了。或许，我也该辍学了，在村里上小学时我的学习就不怎么突出，比我学习好的都辍学了。听说邻班有个孩子，学习学到神经衰弱，到最后还是辍学了。我可不想到了那个地步再……如果一定是个坏结果，早来早结束。

一个周末，我怯怯地说出了自己的想法，那会儿，我挥动着锄头随父母在地里干活。

　　"上学有了名堂享福的是你，你要愿意像我跟你大（方言，父亲）一样，天天黑水汗流地背着太阳过日子，那就不上了。反正女娃迟早要嫁，识几个字不叫人当瓜戾就行了。"

　　我能听出母亲话语里的不满，也习惯了她的"反话"，偶尔还大着胆顶撞她几句。被我气急了，她把巴掌举起老高，临了又会无力地放下，骂我一句"冤家"。我偷偷地瞄着父亲，我很怕他。在家里他很少说话，可大小事都是他一锤定音。特别对我们兄妹，他一开口就是一道令我们恐惧的电网，只能缴械投降，没有任何商量余地。

　　我在等着他表态。

　　"你，把劲都使完了？"父亲开了口，停了一会儿，又问，"铆足劲了？"我没敢点头，因为我知道，给父亲发出的随便一句话、一个动作乃至一个表情都是收不回来的，都得慎重。与其说我愣在了那里，不如说是对父亲的敬畏把我堵在了那里。"再试一段，我想看看我女子是不是真的脑子堵严实了，一点窍都不开。"

　　父亲说这话时直视着我，看得我心里怪怪的，不知是害怕还是对自己的失望，突然有种想哭的感觉：第一次感觉到学不好习是个伤自尊的、自己无法接受的事！

　　我又去了学校，一切风平浪静，没有人知道发生了什么，而我，变了。

　　第一次大着胆子找到了数学老师，向他倾诉了我的困惑。给数学老师说着自己想把他讲的每句话每个字都记住，他在黑板上写的所有例题所有过程我都丝毫不差地抄下来，都全部背过了……我像豁出去般一直顾自说着，数学老师一直看着我，笑着。

──────────

左栏批注：

"不叫人当瓜戾就行了"——如此低的标准，"我"当然能听出母亲带着泥土味道的"嘲讽"。

和母亲的滔滔不绝相比，父亲的话语简短有力。

"用力过猛也不是好事情，你的心太重了，倒容不进老师讲的知识了……"那次，我第一次发现，数学老师并不像课堂上那么威严，他还会开玩笑。老师自己也很惊奇，说你学数学那么努力那么辛苦，咋不跟老师交流？我就那么可怕，直等到你绝望得快要放弃时才想到找我？

我不好意思地笑了。

调整好心态，加之老师有意的关注，我再次回归到正常的数学学习中。

在以后的日子里，我常常想起那段数学学习的艰难期，不管什么原因所致，我都庆幸自己坚持下来了。否则，哪会遇到今天的自己？

母亲的话是疼爱的嘲讽，父亲的话是鼓励，老师的话则是"点醒"。人物身份不同，说出的话也不同。这就是好的对话描写。

那面张扬着青春的墙

开篇强调这面墙和青春有关。

记忆里，那面墙承载着我们青春里所有的欢声笑语，还有风雨雪霜。那面墙在小镇中学。

四十年前的小镇中学，是一排排一列列整齐的厦房，砖瓦盖就。在我看来，学校房子与我们村里家家户户房子的区别是：学校房子是一砖到顶，清一色的蓝；村里的房子只在紧贴地面往上一米左右是青砖，砖以上都是土坯，青砖更像房子用来承重的底座。

用对比法突出学校房子的靓丽、整齐、安全，作者对校园的讴歌已经开始流淌。

走在学校，看到的是一面面蓝色的砖墙，感觉走得很安全，不像在村里，风侵雨袭甚或有点歪斜的土坯房，总让人心里不实在。从小就心思重的我将这发现这感觉说给了母亲，她倒一点都不惊奇，开了口："学校的房就要最结实：娃们是盼头，还敢房倒屋塌？"

后来的很多年里，无不印证了母亲随意的一句话都是人生至理。就像她曾说的，"学校就是掐斜枝剁邪念叫人学好的地方"。而那面墙，或许就是我们用来掐斜枝剁邪念的吧。

上面尽是粉笔写的字，蓝底白字。风吹，日晒，雨淋。有模糊到无法辨认的，有高到踮起脚尖都够不着的，有老字被新字覆盖的，却都是一个个鲜活的小心思。

这些"鲜活的小心思"，不就是张扬的青春？

那时的我是喜欢猜测还是想窥视别人隐私，是热衷于八卦还是表现出对生活的敏感？人呀，有时候不一定能说清自己的心思，反倒远远看别人看得透彻。那时的我，隔一段日子就在没人的时候溜达到那面墙下，看着上面的字浮想联翩。

"元来美好。"

这家伙是有意写错吧，"原来"二字简单到不应该写错。一定是对名字里带"元"字的某个孩子有美好的情愫。

"坚持！！"

感叹号，还两个，却写在墙角——不细看就注意不到。坚持啥？是筋疲力尽坚持不下去了悄悄在此给自己加油，还是才确定目标斗志昂扬地发出宣言？看字，圆润，清秀。细瞅，笔画里有掩饰不住的腼腆。我总觉得书写有性别，这字像女孩写的，有梦想的女孩都不赖。

"我的未来不是梦。"

飘逸的字是展示书法还是抒发真情？几个男孩一路说说笑笑，到了这面墙下，读着，笑着。其中一个上前一挥，字就龙飞凤舞地飘了上去，骄傲得像鹤立鸡群。错了错了，真的心都是可贵的，哪分什么鹤与鸡？还是一个长久坚持又感到没有突破的孩子，在这里敲打了一下自己的心门，怕心儿在孤寂中沉睡？无从得知。只是想想，也觉有意思。

生性怯懦的我没有在上面留过一个字，总是尽可能地将自己包裹得严严实实，哪敢主动示心思于别人？倒是很喜欢站在墙下，边看边想，似乎就解开了自己的心结。不过都是趁没人时看的，看得自己脸红，感觉像偷窥别人的日记本。

或许那时的我就明白，不一定得经历了才能不犯错，看着别人就可以纠正自己。我小的时候母亲常说，做人简单，学好样子就行。几年后语文老师讲"从善如流""择其善者而从之"时，才意识到智慧有时很朴素，朴素得就像母亲随口说出的话。

扯远了。不过，到现在我也没整明白，一面青色砖墙，经

连"不细看就注意不到"的标点符号都看得那么仔细，并且有自问自答，有细致的观察，有感性的评判。

这几个男孩的活动，极具画面感。"龙飞凤舞地飘了上去"，写出男孩子们的张扬和洒脱，极具表现力。

把"那面张扬着青春的墙"对"我"的影响力，上升到母亲和老师的高度。

常被学生们用粉笔写满字，学校从来没有就此事发表过任何意见，没听过"得讲卫生不能乱涂乱画"之类的，一直顺其自然。是有意为之，还是匆忙到忽视？如今想来，学校当时的领导真的很睿智，他们知道孩子的情绪也需要出口。

因了那面墙，我们的青春不管是潦草还是认真，低迷还是飞扬，颓废还是得意，兵荒马乱还是蓬勃向上，都有了妥善安置的地方。也因了那面墙，我们关于青春的记忆变得饱满且有了柔软的质感。

一面墙，安置了一段人生，是墙的幸运，还是人的幸福？

由"那面张扬着青春的墙"想到教育规律，把文章主旨提升到了更高的境界。

十块钱

在县城参加完物理竞赛，领队的老师把我们八个参赛学生喊到一块，给每人发了十块钱。

对，你没听错，是十块钱，我的手从没摸过的大钱。我至今还记得当时的情形：第一个同学接钱时，手是颤抖着的，而等着接钱的我们，都张大嘴巴发出了"啊——"的惊呼，好像立马就是地主老财了！

每个人都拿着十块钱，激动得像一锅沸腾的水，翻滚着十块钱绽开的想象的浪花，领队老师好不容易才使我们安静下来。"你们给学校争光了，拿着手里的钱，老师带你们吃一碗羊肉泡馍，再坐车回去，还能剩点零花钱。"同学们欢呼雀跃。

"羊肉泡馍！"我跟着老师才重复了一遍，就感觉有口水往下流，赶忙抹了抹嘴巴。又盯着手里的钱看了好一会儿，十块，我的！抿了抿嘴唇，走到老师跟前，怯怯地问："老师，我能不能留着钱不吃泡馍也不坐车？"

老师看着我，道："饿着肚子，二十多里路，你要想清楚。"我下决心般点了点头——手里攥着十块钱，有啥做不到的？

一个人走在回家的路上。没有像往日那样甩着手蹦着跳着哼着歌，不是饿，而是手一直小心地按着衣兜——装着十块钱的衣兜，好像钱会突然长了翅膀飞走般。也不敢将钱攥在手里，更怕被人看见。一遇到人，就显得很紧张，生怕被人发现自己有钱，还是十块。

这十块钱像钩子一样，勾住了读者的阅读兴趣。为什么要发十块钱？这十块钱会引发什么故事？

"欢呼雀跃"是场面描写，更像是"我"舍不得吃羊肉泡馍而饿着肚子走二十多里路的画面背景。

"我"怎样表现怀揣"巨款"的小心翼翼？用动作和心理描写。比如"小心地按着衣兜""不敢将钱攥在手里""一遇到人，就显得很紧张"。

我有十块钱了，恨不得说给每一片树叶！满心欢喜却又不敢笑出声，不被分享的快乐是严重缩水的，那种感觉很别扭，也很难受。

拖着疲软的腿一到家，舀了一瓢凉水猛灌，拿起冷馍就啃。既渴又饿，前胸贴后背了！而后就笑了，出声地笑，响亮地笑，恨不得抱住院子里的每棵树都亲几口。爹跟娘也笑了，说那妮子考好了，想着奖状哩。我不解释，只是笑。

一个人时，就拿出十块钱，看着，摩挲着，脸上就开了朵花。种种诱惑在心里翻江倒海般闹腾着，就是强压着。啥都不能买，一买就不是整整一张十块了——十块是我摸过的最大的钱。我几乎是煎熬般抵制着种种诱惑，努力保持着十块钱的完整。曾经一度，我看着它，描着画着，越画越像——要是真能画出一沓十块钱就好了。

一天，娘阴着脸，一进门就冲着爹抱怨："门户紧如债，背着锅儿卖。借不下钱，咋办？"原来娘借了几家，非但没借到，还被人家埋汰：

"他婶子，好借好还再借不难，你上次借的没还啊……"

"不是不借你，你有借的心也没还的力……"

娘给爹说着，说没借到钱倒借了一堆难听的话。说着说着，娘就撩起衣襟直抹泪。我看着难受，转了几圈，回屋里取出那十块钱。"够了够了！"娘接过我的钱满脸惊喜，我都没有讲完过程，她就喜滋滋地拿着钱准备门户去了。在娘转身的那一刻，我流泪了。

在很长一段时间，我总是下意识地摸衣兜，是希望能摸出十块钱，还是摸着自己的遗憾，我也不知道。我的十块钱，就那样悄无声息地没了。

读者完全可以从"几乎是煎熬般抵制着种种诱惑"想象到"我"为保持十块钱的完整所做出的艰苦努力。

"转了几圈"透露出"我"怎样的纠结心理？"我"为什么流泪？为母亲的"喜滋滋"，还是为母亲对"我"的忽略？泪水里有没有失去十块钱的巨大失落？这五味杂陈的泪水呀！

娘没有再次提起，也没有夸我懂事。终于有一天，我按捺不住了，正在烧火的我给娘说道起来，说我的十块钱，说我饿着走了二十多里路才攒的钱，说得我很难受很委屈。我的十块钱，想都不敢想的大数目，就那样被娘拿走了，还不声不响。娘盯着我看了好一会儿，没有接我的话茬，我就无趣地闭了嘴。

一天，我发现了弟弟的小秘密——他卖了中药的钱私藏了起来，两块八毛钱，没有像往常那样交给娘。

我的钱——十块钱——都被家里花了，他竟然自己攒钱？

自私的家伙！

我继续盯着他。

第二次卖了药材，两块三毛钱，他还没交。

两次了，铁证如山！他，私藏——钱，胆真大！

我终于忍不住了，更多的是委屈与愤怒，气呼呼地说给了娘。娘只是抬眼看了看我，又顾自忙着手下的活儿。我无法说服自己就此放下，遂将弟弟揪到娘面前。

"给咱娘说，你偷偷藏了几块钱？"我解恨似的踹了他一脚质问道。他低着头，不说话。"说啊，哑巴了？"他的沉默更加激怒了我。

娘开了口："我娃不想说就不说，该干吗就干吗去。""娘咋能这样啊？"气得我干瞪眼直跺脚。弟弟转身，走到了房门口时他停住了，回过头对娘说："我也想像我姐那样，给你十块钱。"

那一刻，我的脸成了猴屁股。

也许读者和"我"一样不明白母亲为什么那样吝啬表扬？母亲是刻意忽略"我"的感受，还是因为贫穷而磨钝了母性的敏感？

一连串的短句子，让读者看到了一个因为"义愤填膺"而情绪激昂的批判者。

欧·亨利式的结尾！弟弟的回答，让文中的母亲、姐姐还有所有读者都惊讶不已……在巨大的心理震动中，为失去十块钱而委屈的"我"，一定会瞬间长大。

"化敌为友"，最温柔的战斗

我的任性与叛逆，用母亲的话说都是没事找事吃饱了撑的。她对我遇到的任何事从不上心，都懒得瞅一眼，一律盖上"吃饱了撑的"这枚专属印章。哪怕我内心是翻江倒海要炸裂般的难受，哪怕我比窦娥还憋屈，会雪飘整个夏天。

青春的奇特在于浑身都是无处宣泄的力，明知铜墙铁壁也会踹几脚。青春的可爱在于做事不计后果没逻辑可言，言不由衷便言行不一。青春的飞扬在于只求肆意而无畏无惧，竟把刻意造成的拧巴当人生的历练。

可不——

他没有当官的爹，做事依然像小衙内般不计后果地霸道与嚣张；她明明虎背熊腰赛男生，却为了一个模糊的形象刻意将自己整得扭扭捏捏；他像豆芽赛麻秆手无缚鸡之力，却讲哥们义气逞强被打得鼻青脸肿；她自尊心强到宁愿牺牲睡眠熬到一两点，也要挑战培优班的难题……

而我，则敏感到将自己活成一只随时出击的刺猬。

昨天跟红芳闹了别扭，碍于面子还在僵持；今天又冲润莲开了火，发射的还是霰弹，伤及更多无辜，随随便便就将自己整成了众矢之的。

自习时请教同桌一道题，自己心烦意乱不专注没有全部吸纳，仍有不大明白的地方，便不顾及同桌也忙着赶作业，强人所难要他再讲一遍。同桌笑道，不认真听，讲八遍都是对牛弹琴。

文章第一段第一句话就甩出"我的任性与叛逆"，第二段紧跟着连用三个相同句式，既诠释什么叫作"任性与叛逆"，又刻画出一个语言强势、张扬恣肆的青春少女形象。

由上一段的叛逆群像描画，转到本段特写式自我个性描述。

一句玩笑，我就像被踩了尾巴的蝎子，立马气势汹汹地蜇过去：把你当小菜，还以为是主食？问你是看得起你……转身向后桌请教，后桌直接撑了我，说我们都是小菜，不求您老人家看得起，找主食去。

"我"撑起人来，又生动又刻薄，读者也会被"我"的霸道逗笑。

……

真是神奇，年少的我有种特异功能，一开言动语总能够四面树敌。不管有心还是无意，终是别人不痛快自己不舒服。

送我上学接我回家的一直是父亲，他总是引逗着我说学校里班级上的事。那天见我不情不愿，就很夸张地问：叫人欺负了？谁敢欺负我闺女，爹给你收拾去！"你闺女厉害得像蝎子，见人就蜇，谁敢惹？"我更想说的是，我咋像只可怜的疯狗，逮着谁咬谁，咬得自己都没朋友了。父亲揽着我的肩说，没人欺负就好，要是大家都喜欢更好。似乎怕我不懂，又说，大家都喜欢，自家心里就亮堂堂地舒展开了。

父亲的策略是先用"很夸张地问"表明父女同仇敌忾的立场，再用"揽着我的肩说"和"又说"，直抵问题要害。

父亲说这话时，我心里正结满疙瘩，以至于磕磕绊绊寸步难行。郁结在心里的不快总要发泄，在当事人的表述里，压根做不到还原真相，都带着浓郁的个人情绪。像我，恨恨地发泄着对同伴的各种不满，哪里会想到每次矛盾都是自己先恶语伤人挑起的事端？

父亲一直笑得那么灿烂，宛如听闺女的丰功伟绩，看闺女的大侠风范。

"你厉害，可以同时跟那么多人对抗，肯定累坏了。"这话一下戳破了我的泪腺，委屈得要流下泪。他又说，"伤敌一千自损八百。最难的战斗，不是鱼死网破，不是你死我活，而是'化敌为友'。你要是能和尽可能多的同学成为好朋友，那就更厉害了。"爱看武侠小说的父亲顺便又扯到功夫：什么大侠修炼好

这就是教科书级别的父亲的教导！因为能理解，所以够尊重，因为能够尊重，所以才能对症下药。

了自己的武功，最后轻易就能化腐朽为神奇，成为绝世高手……

临了，他说，傻闺女，与整个世界为敌很容易，破罐子破摔，光迸溅出去的碎片就能刺伤很多人，难的是跟大家相处得都很融洽。

那天父亲跟我聊了很多。我明白了"化敌为友"本身就是夸张，哪有那么多的敌人，只是我的火暴脾气总在伤害善意，还像猪八戒倒打一耙，觉得自己委屈。

不是吗，红芳一直那么朴实那么信赖我，一块糖跟我一起吃才觉得甜；润莲是最了解我的人，能一眼看出连我自己都不愿意直面的问题，她们只是在我很虚荣的那一刻，直截了当地指出了我的问题。大忙小忙同桌是随叫随到绝无半句怨言，偶然一句玩笑我就承受不了，能问心无愧地享受他所有的好，却不愿陪他玩一次，如此自私，后桌看着都心寒，咋愿意靠近我跟我做朋友？

想想自己的问题，脸蛋就像猴屁股了。

"化敌为友"是最温柔的战斗，我愿试试。

情绪出现大反转。已经在心里和所有的"敌对者"握手言和。

"我"本来就是一个刀子嘴豆腐心、脑袋瓜子聪明的孩子，所以睿智的父亲轻轻一点，"我"就被唤醒了。

那些年，流淌在心底的欢喜

打捞儿时的记忆，喜欢的源头应该是玻璃纸。

玻璃纸是包裹一种水果糖的纸，透明，有着不同颜色与图案。捏在手指间，轻轻摩擦，会发出声响，脆而亮，一点都不拖泥带水。夹在书里压得看似平平展展，然而浅浅的折痕永远无法消失，倒像诉说着曾与糖块相亲相爱的故事。

绘声、绘色、绘形，再加想象，已经把普普通通的玻璃纸写成"神品"。

嘘——有人竟说，玻璃纸清洗后用灌了开水的瓶子在上面反复滚动就没折痕了。一洗？还再一烫？那糖的甜味儿不就淡了，没了？我才不会那么傻。

在我们看来，玻璃纸最好的用途就是夹在书页间，夹得书页都有了甜味儿。不信？闻闻。

其实很多孩子的玻璃纸都是讨来的。就像我，拥有八张图案不同、颜色各异的玻璃纸，却没吃过一颗玻璃纸包裹着的水果糖。我的玻璃纸是小红给的，她也是说尽好话死皮赖脸从别人那里讨要的，只因她知道我喜欢又得不到。玻璃纸包的糖，是条件很好的人家才会买的稀罕物，大多数孩子能吃到的是红薯熬成的老糖——从家里偷出几个红薯就可以换一块。家里日子差不多的，偶尔也会买几个用甜萝卜做成的糖解解馋，比红薯老糖好吃多了，但一定远远不及玻璃纸包裹的糖。坦白地说，我常吃红薯老糖，偶尔也吃甜萝卜做的糖，就是从没吃过包裹玻璃纸的糖。

小红为了"我"而"说尽好话死皮赖脸从别人那里讨要"——夹在长段里的这一句闲笔，恐怕才是"我"记忆里最甜的"糖"，也是下文对"我"并不友好的同桌的反面镜子。

玻璃纸上的图案还帮我们乡下孩子打开了一个现实中遥不

可及的世界，想象趁机而入，连带着掀起收集玻璃纸的热潮。

对着太阳举着玻璃纸，那图案就很清晰地映在地上、墙壁上，甚至某人的脸上。没玩具的年代，一张玻璃纸也可以花样翻新地玩。

喜欢的河流向前流淌，我喜欢上了红梅家，还有红梅妈。

红梅家里每个物件都摆放得整整齐齐，连同她自己也被母亲打扮得漂漂亮亮。

那么大的院子砌出个小花园，种着各种花养着各样草，哪像我们的家，有点空地就想着种菜，永远都想着嘴，跟吃较劲，没出息。花园以外是青砖铺就的庭院，连砖缝里都那么干净，更不像我们的家，每个犄角旮旯都堆放着暂时或永远都派不上用场的杂七杂八，啥都舍不得扔，我妈最喜欢说的话就是"烂套子都有塞窟窿的时候"。

红梅爸在银川工作。在我们都将父亲喊"大"时只有她叫"爸"，那甜甜亮亮的"爸"一出口，她已高高在上成小公主了。红梅妈说话总是轻声细语，见人未搭言先是笑，不像我们的妈，说话自带高音喇叭，扯着嗓门就怕全世界人听不见，说个话，也像挥舞着斧头砍人，或乱箭齐发。

我说"我们的家""我们的妈"，因为二十世纪八十年代的农村，大部分家庭都差不多。因贫穷而过于节约，啥都舍不得丢弃，父母们辛苦劳累却又解决不了温饱，心情总不舒坦，自然就少有好声色。

我特别喜欢去红梅家，都想给红梅妈做闺女，她肯要我的话。在那个时候我就想，倘若我有了自己的家，有了自己的孩子，就要活成红梅妈那样。

喜欢的河流继续流淌，我遇到了一个小气的人，初中时第

对着太阳看玻璃纸这一细节，真实而经典，是一种美好的集体记忆。

这几段都是对比。没有对比，就没有伤害，没有伤害就没有渴望。

对红梅家的特别喜欢，无关物质，而是对优雅生活方式的渴望。

一个同桌，姓秦。

那会儿课桌间距离很窄，进出时坐在外面的同学必须起身站在过道，里面的人才能顺利通过。我坐在里面，我的秦同桌从来不会站起来让一下，每次进出我都很抱歉地挪一下后排的课桌才能从他身后挤过，再挪好人家的桌子。又或许不是小气，是傲气。他是从城里转回小镇的，而我是从村里看西洋景般进入小镇的，他不肯让位，似乎也是情理之中的事。

然而——"然而"会霸道地打破所有平衡。

在我们大多数人都是一周才回家用洗衣粉洗一次头的那会儿，他身上一直有股好闻的香味儿。很抱歉，我那一刻只能这般含糊地表述，我是一年多后才知道有个词叫"香皂"，那是香皂味儿。

我喜欢上了那淡淡的香味儿，也一直有种窃喜，全班，或许全校，只有我在味道贫乏的年代一直零距离地闻着香皂味儿，尽管香味儿的主人让我很不方便，对我也不友好。

世上的事都这样，有利就有弊，不能忍受就没机会享受。

在我的生命里，有很多或轻轻浅浅或浓浓烈烈的喜欢，似乎无关今天的痛痒，却让我回忆起来不会心无所依，一片空白。

又说错话了，这些喜欢怎会与今天无关？

今天的我能专注于寻觅一切细微的美好，哪怕遥不可及，多像拥有玻璃纸的过程，而带给我的那种真切的愉悦，不正像对着太阳举着玻璃纸映出影儿时的欢喜？

今天的我努力提升自己，以飞奔的姿势来陪伴孩子，给他一个值得学习的榜样，一个舒坦的成长环境，不就源于儿时对红梅家与红梅妈的心心念？

今天的我能忍受很多，再糟糕再恶劣的情形都不能让我绝望与放弃，不浪费时间不敷衍事情，自然也常收获意外之喜，这不就是同桌的坏脾气与香皂味儿的混合？

那些泛滥在心底的欢喜啊，在我，是修复，更是滋养。

阅读与练笔（一）

阅读理解

《抱抱曾经的自己》

1.简要概括文中详写的三件事。

2.联系全文，分析题目"抱抱曾经的自己"中"抱抱"的含义。

3.简要分析本文的一个写作特点及其长处。

《十块钱》

1.以"十块钱"为题目，有什么作用？

2. 第二段描写第一个同学接十块钱的具体情形，有什么作用？

3. 弟弟的介入，有什么作用？

《别怕，向前再迈一步》

1. 文中写了三处"第一次"，请结合文义简要概括。

2. 分析下列句子蕴含的情感：

（1）真恨不得拎起自己的头发，把那个蠢货扔进太平洋！

（2）我像豁出去般一直顾自说着，数学老师一直看着我，笑着。

3. 结尾说："那段数学学习的艰难期，不管什么原因所致，我都庆幸自己坚持下来了。"作者"坚持下来"的原因有哪些？并结合自己的学习经历，谈谈对你的启示。

邀你试笔

1.一面墙，涂抹的是青春的激情与浪漫；一张裹糖的玻璃纸，折射的是对美好生活的向往与憧憬……在你的生活里有没有一种事物，承载着你的回忆，凝聚着你的情感？请选择这种事物，结合自己的生活经历，完成一篇作文。

要求：①标题自拟；②有真情实感；③600字以上。

2.成长路上，有风有雨有彩虹，但无论何时，总有一个人，不离不弃陪在你身旁。也许他/她会牵着你的手,将你从泥泞中拉出；也许他/她会提着灯，将你的黑暗照亮……请给这个陪伴你的人写封信，追忆在一起的美好时光，感恩一路的用心相伴。

要求：①标题自拟；②有真情实感；③600字以上。

3.杨绛先生说："我们曾如此期盼外界的认可，到最后才知道：世界是自己的，与他人毫无关系。"当我们克服了胆怯，就是一次战胜自己；当我们约束住了散漫，就是一次战胜自己；当我们弥补了弱势，就是一次战胜自己……请以"那一次，我战胜了自己"为题作文。

要求：①文通字顺；②有真情实感；③600字以上。

"阅读理解"参考答案

《抱抱曾经的自己》

1.（1）七岁时跟母亲割麦伤了脚仍坚持到最后。（2）十岁时用废电池碳棒当笔反复写和背，成绩越来越优秀。（3）十四岁时作文常被老师忽略，在学校大会上朗读获奖作文后走出了内心的沉重。

2.有回忆、感激和赞美的意思。（意对即可）

3.示例一　记叙和抒情、议论相结合，如叙述七岁时跟母亲割麦受伤仍坚持的事后，作者发出"如果可以，我想回到过去，抱抱那个小孩。我的脸颊会轻轻地贴在她的小脸蛋上，说：好样的，你真是个乖孩子"的感慨。这样写，做到了一事一抒情，让读者更快更好地把握作者的叙事意图。（意对即可）

示例二　取材典型，详略得当。可叙写的往事很多，作者仅选择七岁、十岁、十四岁时的三件事来详细写，十八岁时的事一笔带过。这样，选取了典型事例，避免了烦琐，使文章重点更突出。（意对即可）

《十块钱》

1."十块钱"既是行文线索，又概括了本文的主要内容。

2.表现大家当时的激动，可见十块钱票面之大，为后文珍视十块钱做铺垫。

3."我"因为对自己的十块钱念念不忘而对弟弟产生误解，弟弟的回答显示了一个小男孩的担当。弟弟对"我"的形象起了衬托作用，让"我"学会了反思，让"我"在反思中得以成长。

《别怕，向前再迈一步》

1.（1）想辍学的"我"在父亲的鼓励下，第一次感觉到学不好是伤自尊、无法接受的事；（2）第一次大着胆子找到数学老师，倾诉困惑；（3）"我"第一次发现，数学老师平时并不像课堂上那么威严。

2.（1）运用夸张的修辞，"恨不得""蠢货"写出"我"当时自认愚笨，想学却觉得自己学不进去的痛苦和绝望之情。

（2）写出"我"第一次向老师倾诉的激动和兴奋，表现出作者重新找回自信的勇敢与愉快。

3. 原因有：（1）父母对"我"的鼓励，尤其是父亲；（2）数学老师帮"我"调整心态，给予"我"特别关注；（3）"我"认识到学不好伤自尊，自己有了坚持下去的信念。启示：今后无论遇到怎样的困难，一定不能放弃，要选择勇敢面对，还可与父母、老师、朋友多沟通多交流，寻求支持和帮助。比如我的英语正处于瓶颈期，不爱背单词，做题也错漏百出，我决定去找英语老师好好聊聊，请老师帮我走出困境。

第二章

至亲至爱

爱到无力

一句话点题，语言精练又感情饱满。

有些字有些词，无须想，只瞥一眼就顿生疼痛。比如，"爱到无力"。

外婆是第一个给了我"爱到无力"感的人。

比母亲还让儿时的我亲近的，是外婆。外婆简直就是天使，她像会变戏法，常常带给我们惊喜。外婆任何时候来我家，都会给我过年的感觉。极端贫困的儿时，只有过年那几天能穿上没有补丁的衣服，能吃上像样的饭菜——肌肤与口舌能得到真切的幸福感，也只有过年那几天，即使把天捅个窟窿也不会挨打……

外婆来我家，除了没响炮没贴春联，真的跟过年没多少差别。

外婆一来，拆拆洗洗，所有被褥都旧貌换新颜；外婆一来，扫扫刷刷，每个角落都洁净起来得到了安慰；外婆一来，包包捏捏，不再冰锅冷锅，碗碗盆盆都生动起来……感觉外婆一来，似乎家才像个家，才有了温度。

母亲是个教师，用今天的话说就是个"职场达人"。带数学，教物理化学，还给学校里排练节目，她几乎是无所不能。只是打理家照顾我们，能力很有限，顾此失彼是她的"特长"：飘雪了我们还穿着夏天的单鞋，开水泡馍是家常便饭……外婆便总是不放心，总是牵挂，总想帮衬一下她那一根筋的女儿，安顿好我们兄妹仨。

我们儿时最大的爱好就是一溜摆坐在门口，双手撑着下巴，眼巴巴地看着巷子口，等那个神奇的老太太出现。她一出现就

"外婆的到来"可与"过年的感觉"画等号？外婆来了会有哪些改变？读者对尚未登场的外婆充满了期待。

以排比写出了外婆到来后的诸多改变，最后高度概括"家才像个家，才有了温度"。读到此处，读者已心生疼惜，忍不住猜想起外婆来前的情形。

小孩的形样与快乐，永远那么生动那么鲜活那么具体。动感十足地叙事，更容易抓住读者的眼球。

是胳膊挽着满满的笼，手里提着鼓鼓的包。我们会飞奔过去，夺笼抢包，迫不及待地在巷子口就翻找起快乐。外婆会连连说，看把我娃恓惶的，外婆该早点来……

外婆一来，我们的幸福生活就拉开了序幕，每一天都迸溅着快乐，特别是我，恨不得拽住每个人告诉他：我外婆来了，我外婆来了！

外婆压根就不知疲倦，干起活来浑身是劲。母亲总是说，娘，歇歇，歇歇。外婆有时会接一句，要歇也是回我屋歇，跑来就是帮衬你的。有时也会说道我母亲几句：你忙学校的事娘没意见，丢了屋里的事娘就得说你，娃娃的事也是正经事。

外婆直到自己瘫痪在床，才不再操劳我家的事，却还是时常指派外公来我家看看，送这送那，唯恐她女儿作难。

而我的母亲，似乎是在我成家后才开始正儿八经做母亲的，好像母爱在心里闲置了多年，一下子全方位爆发了。

从我的穿衣到天天买好菜送到我家，从我工作的调动到雇车到省城医院看我，从照顾我的孩子到拖着病残之躯一瘸一拐为我照顾着装修房子……在她身上我看到了外婆的影子，她努力的样子更让我心疼又自责，感觉自己像个让母亲不堪重负的巨婴。我知道，母亲之所以如此拼命保护我，源于我那时的处境——独自拉扯儿子。既然没有温暖的肩膀可以让她苦命的女儿依靠，她就只能伸开双臂给女儿以荫庇……

母亲总是满眼忧愁地看着我，有时实在忍不住了，就唠叨起来：我咋能死得下去呀？好娃哩，你的日子过不好，我死了都闭不上眼。妈老了，叫妈缺胳膊断腿都行，叫你跟你娃好好的……

就在昨天，我在课堂上讲史铁生的《秋天的怀念》，说到史铁生的母亲，恍惚间，我的母亲又站在了他的母亲身边。我想

本段只有一句，却陈述兼顾抒情，尽显爱的无力与绵厚：自己已无能为力，依然割舍不下。

在"我"离开母亲有了自己的小家后，母亲的爱才开始快速延伸，母爱的触角遍布"我"生活的每个角落，"母亲"与"外婆"似乎合而为一，母爱向来如此。

母亲语言里尽是不能与不甘。人物语言只有在符合人物身份的真实状态下才具有生命力，才会触动读者。

母亲说给小舅的话瞬间击破了作者的泪腺，写尽母爱的无力又不甘。

起了已经彻底不能挪动的母亲给我的小舅打电话，央求他过来帮我招呼工匠们装修房子的事。至今我还清清楚楚地记得母亲当时说的话：我死了你不来都行，给凌儿过来帮着装修一下房子，娃一个女人家弄不了……

我潸然泪下，被无力的爱所击倒，无法继续授课。

我的母亲直到离开这个世界的那一刻，还是对我不放心。

而我呢？我何尝不是竭尽所能地照顾我的儿子，甚至有时明明已力所不能及，还想去照顾他，以至于捶胸顿足焦虑万分？

无力的爱，总归让人心疼。

文末再次点题。这无力，即使木石之人也会动心。

愿你所有的日子都温暖而美好

　　四月二十三，是全世界喜欢读书的人都惦记着的盛大节日，也是喜欢读书的我成为妈妈开始满怀希望并乐挑重担的一天。

　　亲爱的儿子，从你踏入这个世界的第一步看，你是个很有仪式感很懂事很向上很……的人。修饰一切美好的"很"，全用在你身上都不为过。

　　一九九八年四月二十三日十一点十分，比预产期推迟了一周，且以剖腹而生的形式隆重亮相。你是个多么执拗多么有主见的孩子啊，在娘胎里就已经掐着算着自己该啥时候抛头露面。莫非你深知出场时间对人生的意义，更知道妈妈对读书的痴迷？

　　当接收到你将来到这个世界的信号时，为了做个合格的妈妈，我买了好几本胎教书，对比阅读，逐条落实，讲故事听音乐做运动……各种态度极为端正，唯恐在胎里就让你落下步子。

　　"全世界生的都只是娃娃，只有你生的是金疙瘩。"你阿姨曾如此戏谑。大笑，隔着你我拥抱了她，回应道："你真是太有才了，一针见骨髓啊！"不过，很快又否定了她："金疙瘩不行，满心满眼都是他，金山银山换不走，岂能只是个金疙瘩？"

　　儿子，说句伪科学的话，撇开血缘从德性上看，咱俩可真是亲亲的母子。因为比起你的隆重登场，我紧锣密鼓的迎接工作是有过之而无不及啊。

　　自从接收到你发出的信号，我就开始为你制作人生中的第一本书，那是我"写"的第一本且只对你发行的孤本，用几百

　　"成为妈妈"点出了这一天的特殊性，"满怀希望并乐挑重担"是欢喜的担当，也暗示了这篇文章是母亲送给孩子的精美礼物。

　　调侃里是难以掩饰的宠溺，已完全忽略成为母亲的艰辛。爱，张扬又纯粹。

　　前一段写具体做法——用心尽力，后一段以人物对话写心情——饱胀着爱，刻画出爆棚的母爱。

个彩色图片粘贴起来的故事书，而图片的来源则让我成为一朵"奇葩"。

走到哪里，瞧见有好看图案的零食都买，只为剪食品袋上的图案。走到哪里看到漂亮的塑料图片就想方设法讨要回来，还遭遇过两次惨痛的失败。

一次傻傻地等到闺蜜的孩子吃完零食，说袋子给阿姨。孩子奶声奶气地问要袋子干吗，我说图片好看啊，当我给她讲完如何好看后，她紧紧抓牢袋子不松手。那事之后我才明白，张扬自己的爱会惹得别人也爱上，闷声才能干大事。

一次临走时刚拿起同事孩子吃完的空食品袋，孩子就喊着我要拿走他的好吃的。我解释说没了，空的，孩子却说是我偷偷吃完了，说着说着他竟然委屈地哭了，我还哄了半天那个小家伙。

现在想起这两件事还会脸红。不过，<u>没有最脸红，只有更脸红。</u>

一句"没有最脸红，只有更脸红"，再次激起读者的阅读兴趣。

走在大街小巷，也不管人多人少，只要看到有漂亮图案的食品袋，我就会有失体面地弯腰捡起，迫不及待地回家，刷洗得干干净净，晾晒好，而后用热水瓶来回滚动烫平展（那时我还没有用过熨斗呢）。一次看见个饮料瓶，瓶身有个很可爱的卡通小子，奔过去弯腰就要捡拾，看见了一只比我更快的手。抬头，一个捡拾废品的流浪汉恶狠狠地瞪着我。我竟没有落荒而逃，而是很淡定地说：我只要上面的那个塑料纸。

成书过程无比艰难。

想想，二十五年前，距离十八线小县城还很遥远的乡下小镇，又是四堵墙里很少出去的教师，能见多少世面？收集图片的难度可想而知，还要赶在你出生前做好。

好在天遂人愿。在你出生前一月，剪好了几百张无一重复的图片，注意，"几百张"且"无一重复"，多么令我骄傲！反复琢磨，合理搭配，一页粘贴几个，怎样讲都应该是故事。

后来啊，你来到这个世界最初听到的故事，不是《安徒生童话》《格林童话》《王尔德童话》《豪夫童话》《一千零一夜》，而是妈妈指着图片为你现编的。

给你取名同样是妈妈的头等大事。

自从知道自己成了准妈妈，就开始取名。男孩女孩取了很多，最后淘汰至各剩十个，继续淘汰，各剩五个，最后各剩一个。

男孩就叫"笃行"，必须叫"笃行"，"笃行"是妈妈最喜欢的一个词，一生的信念。"儒有博学而不穷，笃行而不倦。""博学之，审问之，慎思之，明辨之，笃行之。"只希望你长大后为人淳厚做事踏实，在确定自己的努力方向后能笃行不怠。

笃行啊，当妈的大多不够理性，再重大的节日都会被她们整成"唠叨的盛宴"，就像此刻的我，你的妈妈。

还记得为了护你周全，我完美地避开一次可能极为惨烈的大型车祸，除了自己满脸是血外，你毫发未损。还记得人生第一次如泼妇般寻上门找人理论，只为让做错事的那个大人向小小的你道歉，只为向你展示这个世界的对错。还记得在我一个月的薪水只有二百多一点时，咬着牙给你买了一百多块的积木，而后买积木成了你最喜欢的事。还记得为了让你看 3D 的《泰坦尼克号》，你爸爸专门驱车载你往返四百多里去渭南，只是想证明一点，家永远是你最有力的后盾。还记得你六年级奥数竞赛得了全县唯一的特等奖，你爸爸买了辆山地车作为对你的奖励，骑着它你成了世界上最帅的儿子。还记得暑假怂恿你报团旅游，只是担心我们生活在小小县城怕你因此丧失了大视野，看不到美好就难成美好……

美好的家庭，即便都是"第一次"，也会是父母与子女的彼此成就。

笃行，我的儿子，今天是你二十五岁的生日。我第一次做妈妈，面对不同阶段的你没有丝毫经验。你也是第一次做儿子，面对不同情绪的我在手足无措的同时又满是包容。

感恩此生遇见，作为你的妈妈，一个普通人，能给你的只有无尽的牵挂与所有的爱。祝你生日快乐，愿你所有的日子都温暖而美好。

继父

听母亲说，他来到这个家时我只有五个月大。对"父亲"的形象，别说我，就连比我大两岁的三哥、大五岁的二哥，都说记忆里只有他。

他在离我家不远的钢厂上班。河南人，矮小，黑瘦，长得倒很筋骨。似乎不管见了谁，他都是一脸讨好得有点卑贱的笑。

多年后，看着他蒙着黑纱的照片，母亲老是感慨：要不是那些女人眼角浅，光看男人长相，这么好的一个人还会上门到咱家过日子？还能轮得到咱娘五个享福？母亲可不是在心里默想，而是自言自语。

不只是母亲想不明白，我们兄妹在一起说起他，也是泪水涟涟。觉得他好像就是为了我们才到这世上辛苦地走了这么一遭，遭了那么多罪。

记忆里，他一下班，随便吃点，就到街口摆摊——修自行车捎带配钥匙。我呢，一直在旁边玩。没活干时，他就笑眯眯地瞅着我，那目光就柔柔软软地洒了我一身。有时，他会喊，妮儿，甜一下去。我就欢快地跑向他，从那油腻腻的大手掌里捏起五分钱，买水果糖。一剥开糖纸，我会举到他的嘴边，让他先舔一口，也甜甜。他会用干净点的手背蹭一下我的小脸蛋，说，爸不吃，妮儿吃。妮儿嘴里甜了，爸就心里甜了。

天黑了，准备回家了。不用他说，我就爬上小推车，不歇气地连声喊着："回家喽——""回家喽——"

他是怎样一个人，何以给孩子们留下那么深刻的印象？起笔，就成功地引起读者的好奇。

母亲及"我们兄妹"的表现进一步勾起读者的好奇，急于想知道继父是怎样的人，继续阅读下去的欲望很是强烈。

细节描写、动作描写、语言描写，通力展现出很强的画面感，击中了读者柔柔软软的心。

直到去世前，他还在街口摆摊修自行车。

他还能修理各种电器，巷子里的人经常跑到家里麻烦他。我有时就纳闷，问他，我真想不出，你还有啥不会的？他就笑了，说，爸是从小卖蒸馍，啥事都经过。

他对自己啥都不讲究，啥都是凑合。

母亲唠叨着俗常日子里的种种，唠叨里是心疼是感恩。感恩之心也是可以传承的，行动是最有力的语言，母亲在做，孩子们在看。

母亲常常说起他每月工资一个子不留地交给自己的事，说时总是撩起衣襟抹眼泪。母亲说，人家男人都吸烟喝酒，他咋能不眼馋？还不是咱娘五个拖累大，得攒钱。母亲也常在我们面前唠叨，说你们呀，要是对他不好，就是造孽。妈一个妇道人家，咋能养活得了四个娃娃？早都饿成皮包骨头贴到南墙上了！

饭桌的摆放及饭桌上的推让，烘托出温暖的家庭氛围。叙好小事，就是最有说服力的议论，也是最动人的抒情。

在家里，母亲很敬重他。他蹲在哪儿，饭桌就放到哪儿。我会以最快的速度给他的屁股下面塞个小凳子，哥哥们立马就围了过去。母亲边给他夹菜边说，你是当家的，得吃好。他又笑着夹给我们，"叫娃们吃，娃们长身体，要吃好"。

他几乎一年四季都是那身蓝色厂服。母亲要给他做身新衣服时，他总说，都老皮老脸了，还讲究啥？给娃们做。

"百能百巧，破裤子烂袄。"街坊嘲笑他，只知道挣钱舍不得花钱。

"再能顶个屁，还不是在人家地里不下种光流汗？不就是不掏钱的长工吗？"熟识的人讥讽他，没有自己的孩子还那么撅着屁股卖命干。

以上种种，他人的热嘲冷讽，反衬出继父的无私、豁达、包容。

流言风语咋能传不进他的耳朵？更有甚者给他说话直接带味儿。好几次，母亲没话找话硬拉扯到那事上想宽慰他，他只是笑笑，说没事，手底下的活都做不完，哪有闲工夫生气？

他不是脾气好，是压根就没脾气。

邻里街坊说话不饶他倒也罢了，欺生，可爷爷奶奶大伯叔叔们从一开始就不同意他上门的，在本家的大小事上都不给他好脸色看，这就没道理了。可他，见谁都是乐呵呵的，才不理会别人紧绷着的脸。母亲为此很生气，说这一摊孤儿寡母不是你，日子能过前去？给他们姓李的养活娃娃，凭啥还要看他们的脸色？断了，断了，不来往了！

他倒是劝起母亲来，说忍一忍就过去了，都是一家人，计较啥？

只是，我万万没有想到，他竟然也会发脾气，还是因为大哥的事。

大哥看上了个姑娘，家里两姐妹，姑娘的父母也看上了大哥的忠厚，想招他上门。大哥自己都愿意了，可就卡在了继父那儿。

"我能给你们几个当得起爸，就能娶得起媳妇盖得起房！"他摞下这句话就披着衣服走了。母亲后来找了大哥，当时我也在场。母亲说，你爸死活不同意你给人家上门。你爸说了，招上门的女婿，腰就直不起，就叫人下眼看了。

大哥沉默了。大哥抬起头时，眼睛红红的。

事实上，在抚养我们长大的过程中，他划了两个院子，每个院子里盖了一排五间的厦房，也重新盖了老屋，我那三个哥哥，不偏不倚，一人一院，媳妇们也都娶进了门。

他是在我出嫁后的第二年走的，前一周还给我说自己身子骨硬朗着哩，家孙抱完了，就等着抱外孙哩。那天，他正补着车带，一头栽下去，就再也没有醒来。

我难过得无法原谅自己，我的记忆里竟然没有他衰老的过程，只有他不断劳作的身影！皱纹何时如蛛网般吞没了他？牙床何时开始松动以至于嚼不动他特喜欢吃的茴香味儿的干馍片？

他胃疼得整晚整晚睡不着觉时想到过叫醒我们唠唠嗑来打发疼痛吗……

倘若他病在床上，我们服侍了些日子，心里或许会好受些。可是，可是爱一直是单向流淌啊，我们究竟关心过他多少？

我没有生父的丝毫记忆，我记忆里的父亲就是他，也只有他。听母亲说，连大我七岁的大哥，在他来后不久，也再没说起过生父。

他走的情形我永远记着。

大伯叔叔们不让他们的孩子给继父穿孝服，我们兄妹四个磕头挨个求过，他们依旧不答应。当着本家那么多亲戚，大哥说话了：他就是我们兄妹四个的爸，我们四个不是喝西北风长大的，是我爸养大的。这一次不给我爸披麻戴孝，也行，就断亲，断个彻底！你们去世，我们兄妹四个，也不会到灵前的！

事实的确如此。

安葬继父时"我们兄妹四人"的做法，就是对继父一生最有力的评价。感恩此生遇见，不负继父的深情厚爱，维系我们的不只是血缘，更是大爱。

050

一个和八个

一个人的时候，更容易走进自己的心。十五年前，中风后身体不便的母亲悄然站立于我的病房外，许久，许久。十五年后的今天，我同样住在医院，却没了牵挂的身影……

——题记

母亲只有我一个女儿，任性之至。而我，却有八个甚至更多的母亲。这一点，一直让我很是恼火。

设悬念，激起读者的阅读兴趣。

啰唆的母亲。

母亲好像满心里都是不放心，好像只有把一句话泡着煮着熬着蒸着醋熘着油泼着……用尽种种方法反反复复说给我，才能进我的耳朵才会上我的心。每每她一说话，我的感觉就是无数架飞机轰隆隆从头顶飞过，她说过的话，更多的，还没有抵达我的耳朵就跌落了。是的，纷纷跌落在我的脚边，我不怀好意地使劲用脚踩踩，心里恨恨地想：让你再啰唆，让你再啰唆！我怎么这么倒霉，跟无比啰唆的你成了今世的母女！

形象地写尽了母亲对"我"的不放心。

固执的母亲。

短段醒目，也使得行文有了"身段"。

母亲是一根筋，自己想的似乎谁也改变不了。母亲不相信她生的宝贝女儿手脚不协调，打死也不信。为了让我学会跳绳，她一有空就把绳子的一头绑在树上，自己抢着让我跳。总是被套死，总是被绳子打着，母亲总是不甘心。以至于我一见母亲拿绳，拔腿就跑，我才不想学什么跳绳。只有我能打破母亲的固执，

051

哪里是因为"我"强大，只是母亲对"我"无比包容罢了。

哪怕她的固执像钢板一样坚不可摧，对我，照旧形同虚设。

窝囊的母亲。

我很讨厌窝囊的母亲，认为那是没正性的表现。别人曾让贫穷中的她很难堪，她原本能以牙还牙甚至更狠，可她总是一笑泯恩仇。理由竟然是"你跟人家孩子都在一个班上学了，大人还能计较啥"，可笑。上次人家说话过头伤害了她，下次求她帮忙，她还是会痛快答应。她似乎把全世界的人都当神供着，不敢得罪。

母亲的窝囊，是母亲时时想着给自己的孩子搭桥铺路，更显母亲的大度。

瞎操心的母亲。

她从来不知道应该操什么心不该操什么心。一见我的同学，她就满脸堆笑，就讨好般给人家娃塞点小吃食，总会说，"跟我家妮儿好好玩，不要闹矛盾"……好像我就是个窝囊废，就等着别人来欺负。在她眼里，逢人都要小心翼翼，好像每个人都可能与我有关系，决定着我的什么。

母亲的爱，恨不得延伸到孩子的世界的每一个角落。

还有那个凡事想当然的母亲，神经质的母亲，迷信的母亲，忙得直不起腰的母亲，想打我却打了自己的母亲，身体不便还努力给我帮忙结果越帮越忙的母亲……从小到大，好像有无数个母亲围着我团团转，让我很烦很烦，让我无处躲避，让我悲愤到吼着"人家就一个妈，我有八个妈"。我说"八"时，恨不得吼破自己的喉咙，将她划拉到九霄云外！

这句话，写尽"我"的任性与狂妄。

我再烦再吼，她都静静地看着我。等我平静下来了，她屡教不改，继续我行我素。直到有一天，猛然回首，才发现，一个母亲都没了。一个，都不曾留下陪我，都走了。

为什么一来就是很多母亲，要走，一个都不愿意留下？

为什么全世界都向我敞开，唯独母亲彻底拒绝了我？

为什么所有的母亲，都只浓缩成了一帧遗照？

这三段运用反问构成排比，更能表现出"我"满腔悔恨的浓郁与绵长。

此刻我才明白，努力奋斗可以得到很多，唯独不能再见母亲一面。当我再次躺在病床上，才发现没有了母亲，我不再是金贵的女儿，只是个可怜的病人。

是的，此刻的我正躺在病床上，才发现，自己也成了很多自己：蠢笨的自己，不识好歹的自己，白眼狼的自己，懊恼的自己，自责的自己，追悔莫及的自己，悲伤的自己，痛不欲生的自己……所有的自己都令我无比讨厌！

母亲走后，我也成了八个，甚至，更多。

"我"因为母亲的故去而分裂成了多个，每一个，都是心灵的煎熬与拷问。

最温暖的事，想您

"没有晚年"，为全文涂上了一抹淡淡的哀伤。

从年龄到命运，分明都在亏欠着母亲。"我"对命运的愤恨，听到"老母亲"时的感觉，说到底都是对母亲早早离去的无法接受。将心里真实所想具体地写出来，以真感人。

平心而论，在这个世界上我亏欠最多的，是您，我的母亲，没有晚年的您。

一个人活过九十，是瓜熟蒂落；七十多八十，也算享受了些晚年时日，不负中年的劳苦；可一个人刚上六十还依然在弯腰干活却轰然倒下，就怎么也说不过去了，命运的奸邪让人恨不得扇它个耳光。每每想起母亲总难过到不能自已，最最重要的一个原因就是她走得过于年轻，以至于别人开口说"老母亲"时，我的耳畔宛如响起世界上最美妙的音乐，随之，潸然泪下泣不成声。

少女时代的母亲能歌善舞，且家道殷实，欢快得像只鸟，幸福得像朵花。一九六〇年左右，母亲就读的大荔师范因国家经济困难而下马，她回到了家。

我有记忆时的母亲，角色比较尴尬——乡村民办教师：

"民办教师"，是特定历史条件下的产物。身为教师的母亲与作为农民的母亲，都是那么清爽，那么被人喜欢。

时而手拿粉笔在黑板上耕耘，时而双腿踩在田里忙活。讲解知识时思路清晰又逻辑严谨，板书时一手漂亮的粉笔字，巷子里过年时张贴的都是她义务写的春联，踩踏缝纫机时喜欢哼歌儿，坐在草垫上纺起棉花很是利索，扛起锄头一人占几行……

相较于周围的婶子们，我的母亲能文会武又不多事。如今忆起，往事历历在目。她的话也一直敲打着我的耳膜，纠正着我的言行：

"嘴懒点手勤些，事是越干越少越轻松，话是越说越多越惹是非。"母亲向来不喜欢围在一起热热闹闹说南扯北，也不愿我们参与其中。今天的我，更喜欢安静地独处，应该感谢母亲的言传身教。

"脚底下踩实走稳，不摔跤就是快，笨做就是巧干。"母亲信奉步步得留脚印，脚脚得踩实走稳，反感投机取巧不劳而获。

"过别人的眼容易，过自家的心难。"母亲常叮咛我们不要哄骗人，骗人成了习惯，连自家都不会放过的。

"人都是为了身和嘴，累了手跟腿，轻重自然得掂量好。"该不该做，是不是有点过分，有没有尽力，能不能采取更好的方式……总是叩问自己就不会为了名利让心难受。

母亲从不会揪着耳朵训斥，也不会刻意地教育，可看着她做事听着她说话，我们就知晓了何去何从。

只是后来，中风趁母亲忙碌中忘了喝降压药击倒了她。那年，母亲五十四岁。母亲不能动弹地在医院的病床上躺了一个多月，直到出院，也只是稍微有点知觉，依然不能动。出院后在家里继续每天针灸、输液、锻炼，落下了半身不遂。母亲很满足，笑着调侃自己，一不小心活第二世了，还得好好活。

在别人眼里母亲已是劫后余生了，可母亲一直没将自己当病人，用她的话说，只是手脚有点不方便。不方便的手臂如摆设般无力地下垂着，不方便的腿脚成了同伴的拖累，可母亲硬硬地练就了一只手和面、切菜、做家务，还因此调侃自己，"老了老了活成身残志坚的榜样"。这也正是母亲的超能力，再坏的事都能笑着说出来，都能以最好的心态去面对。这一点，也慷慨地遗传给了我。

不方便就是不方便，有时看着心疼，凑过去说我帮你。母亲嗔怒道，我还没有老得不成样子。偶尔也会没皮没脸地贴过去，

母亲说过的话，不就是"我"得以阳光成长的家教箴言？父母的言行，就是孩子成长的指向标，不偏航的父母身后更容易走出能扬帆远航的孩子。

母亲病后的状态、语言及努力适应的过程，充分地展示了其乐观豁达的性情。写人时，客观叙事更容易说服读者。

母女间的对话与互动，很是温馨：一个花样体恤，一个力所不能及还不甘，都是满满的爱。

抢过母亲的活，开玩笑道：老成那样了还那么能干，不叫年轻人活了？母亲就满脸欢喜地退后去了。有时干活时，怕劳作惯了的母亲失落，专门叫她来现场指导。母亲似乎不会指导，总是直接上手，而后我就插不上手了。用母亲的话说，活了一辈子，总觉得吃闲饭心里不踏实。

"吃闲饭心里不踏实"，每一顿饭的滋味都在自己的付出中。母亲将这一逻辑渗透在每件事里，同样也根植于我的认知里。

在"想您"中活成了您的样子——"像您"，不就是最好的亲情传承？

母亲啊，在您走后的这十五年里，最温暖的事——想您，最幸福的事——像您。

亲戚

四十多年前，记忆里那个被母亲叫"三嫂"的女人，总是一副很邋遢的样子，连纽扣也常常扣错，更别说乱蓬蓬的鸡窝般的头发了。家里自然是乱七八糟的，即使大过年的也没多大变化。

或许，她的脑子也有些不大对劲吧？之所以这样猜想，是因为听母亲说她的三哥小时候生病脑子烧坏了。金花配银花，西葫芦配南瓜，那样的男人，自然娶不到正常的女人。

母亲常在舅舅们跟前感慨，三哥能娶到女人就很不错了，咱都得对三嫂好点。

母亲叫"三哥"的，其实不是母亲的亲兄弟，是堂哥。①记忆里，走亲戚时节，别的亲戚们都不去他家，只在他的兄弟家里放个花馍，说这是给三哥留的，就不打搅他了。可母亲每次都领着我去他家。我是很不情愿的，破破烂烂的土坯墙、栅栏门，三间看起来快要倒的破房子，能有好吃的？

常常一推开栅栏门，母亲就喊着"三哥""三嫂"，那亲热劲，就像喊自家的亲兄弟一样。那对很邋遢很窝囊的夫妇就出来了。特别是那个女人，招呼母亲坐下时，总用衣袖来回擦擦凳子，嘴里说着"干净着哩"，而后很殷勤地翻找吃的东西。大过年的，人家都准备了客人吃的糖果之类，她家常常就是一盘红薯干。

记得有一次，那个男人刚给母亲递上一杯水，女人突然一把夺过，而后嗔怒道，不长眼色，给香儿也不拿个好杯子。原来那个杯沿儿上有个小缺口。②她另外取了个杯子，用看起来

"邋遢"的个人形象，"乱七八糟"的家，这个被母亲叫"三嫂"的女人会有怎样的遭遇？让人顿生好奇。

孩子纯粹的目光是对事情最忠实的还原，母亲、三哥、三嫂的情态跃然纸上，而三嫂的殷勤里是很少来客的尴尬。

灰不拉几似乎不干不净的抹布擦拭了一遍，还不放心地用手指尖儿在杯沿儿上细心地抹了一圈儿。那皲裂的手，着实难看。

重新倒了一杯水，端给母亲，还解释说，你三哥是个粗人。母亲就一直端着杯子边暖手边跟他们拉家常。

我也记得那个女人说起亲戚们不待见他们时，撩起衣襟直抹泪。母亲拉着她的胳膊安慰说，三嫂别难过，我不是来了吗，嫌次数少，我一年多来几次。

每次走时，母亲总拉着她三嫂的手说，敏上学有为难处了，就吱声，能帮上忙就帮，谁家门口也没挂免事牌。

敏是那家唯一的女孩子，比我大几岁。每次我跟母亲去她家，她都进来笑着叫一声"姑姑"，就进了自己的屋子。

我曾问母亲，别的亲戚都不去那家，破破烂烂的，你咋老去？母亲摸着我的头，一脸的伤感，而后长叹一声，唉——都是亲戚，还嫌贫爱富的。

别说，为了那个叫敏的女孩能继续读书，那两口子真的找过母亲几次，每次都是一个原因——借钱。母亲也都借给了。父亲为此没少跟母亲闹别扭，父亲说救急不救贫，穷窟窿永远填不满。母亲说除了找我，三哥三嫂还能找谁？咱不帮，那不是把人往绝路上推。

我从心里也就讨厌起那两口子了，自己穷成那样，还给别人家添麻烦，真是的。后来，谁也想不到的是，一九八五年，千军万马过独木桥般的高考中，敏竟然考上了中国人民大学！

记得通知书一下来，那两口子就拿到我们家给母亲看，母亲高兴地当宝贝般捧着看了半天，还专门把我跟弟弟叫到跟前，让我们都摸了摸那通知书，说沾点喜气。那女人又抹起眼泪，说娃记得她姑的好，没她姑照顾，咋能把书念完……

客观陈述才能忠实呈现，读者的感情随之变得复杂。

母亲在别人都不愿进门的穷亲戚三哥三嫂面前的种种表现，应该是"亲戚"二字的真正含义——拉着扯着一起往前走。

那一刻的母亲，在为三哥三嫂高兴的同时，心里也一定高高升起一个母亲的热望，开始了自己的期待。

敏表姐——我是应该叫她表姐的——上大学时我上初二，敏表姐经常给我和弟弟写信，说北京有多好有多大，说她在北京等着我们来上学。每每收到信，班里的同学们都拥着挤着把我围个水泄不通，争着要看。北京的来信呀，还是中国人民大学呢！那时的我很骄傲，我有个在北京上大学的表姐啊。当然了，也就更加努力。

再后来，敏表姐留在了北京工作，将父母也接了去。亲戚们都说，人不行，命还蛮好，就那样两口子还住进了北京城？

弟弟在北京上学时，所有费用都是敏表姐出的，她硬是不让母亲插手。于是有些亲戚就说了，谁都没香儿聪明，长着前后眼呀，都算计到了。

母亲只是笑着。

表姐给"我"的信是回流的爱，来自亲戚家的。亲戚就该这样，互相帮衬，都走向更好的生活。

记忆的温度

记忆是有温度的，要不回忆往事时咋总觉得心里暖烘烘的？记忆哪里只是有温度，记忆还有近乎绸缎般令人很舒服很享受的质感，往事苏醒时心儿就会幸福地欢呼，雀跃。

而我，打小就心思重。心思重的孩子自然记事早，记事多，记事详尽。陈芝麻烂谷子，才不管发潮发霉，全都窝在心里面。好像满兜里装着的，肩膀上扛着的，手里拎着的，嘴里絮叨着的，全是紧紧黏着我抖落不掉的过往。

母亲曾戳着我的脑门没好气地数落："你呀，心思太重，不嫌沉啊？看看，看看，都压得个头长不起来了。"

有个奇怪的念头一直盘踞在我心里：我，应该有俩属相。

一九七〇年出生，属狗。也真配属狗：常常做事不过脑，记吃不记打，还爱狗拿耗子多管闲事。不过，我觉得自己更应该属牛，一件事，一件再琐碎的事，一个再细微的情节，一个一晃而过的场景，都会在我的小脑袋里翻来覆去地琢磨，像后院的牛在反刍。越琢磨越细微，越细微越真切，越真切越像心里装了面放大镜——越放越大，大到生出新的细节末枝，以至于连我自己都难辨虚实。

每每听别人说到属相，我就暗自得意，自觉有俩属相的我像沾了大光。

或许心思重的人多喜欢做白日梦吧，像我，就喜欢闭上眼瞎想。眼睛一闭，就将现实推得很远很远，远到无法干扰到眼

"心思重"的孩子到底藏着多少往事，又藏在哪里？表述形象又具体，令人忍俊不禁。

原本属狗，却以"牛"来阐释性格，语言饱满富有张力，形成画面，给读者以真切之感。

下的我，像进了自编自导自演的情景剧里，对，还是女一号，沉溺其中全身每个毛孔都无比舒展。除了心思重，我还是个做事没头没脑冒冒失失的人。做错事的第一反应总是鸵鸟式愚蠢地逃避：不管不顾快速逃离现场，绝不善后——以为只要自己不在场就撇清了弄糟的事。从这点看，又压根不像心思重的孩子。

哦，明白了，我就是个"奇葩"孩子，"奇葩"在于心思重而细，行动简单又鲁莽。

说真的，从小我一做错事就具有轰动性，在别家一准被暴揍得皮开肉绽卧床好几天，可我的记忆里却没有挨打的情形。

五岁的我爬上案板，想从架板上取下小盐罐，用馒头块蘸着拌了盐的红辣椒面吃一定很香很香。可取盐罐时不小心撞倒了油罐，不是马上扶起它而是"刺溜"快速滑下案板，关上厨房门，跑出家。

想想吧，四十八年前，油金贵到家家几乎都是水煮菜，有一点油花花都香得不知南北了。说啥饭菜啥东西好吃，最高评价是"吃得满嘴油乎乎的"。我的贱爪子，却将全家大半年的油祸祸了。

厨房门被我逃离时关好了，鸡关在后院，看门的狗没毛病，后院的蠢猪跳不出猪圈冲不到前院更不会爬上案板。任谁，用脚指头想想都知道是我干的好事。即便那样，母亲将我提溜到案板前，我瞪大眼睛就是死不认账——不承认就永远跟我没关系。

其实那一刻我还在赌，赌母亲会不会打我，会不会把我打到头破血流，就像翠花娘往死里打做错事的翠花。对了，我从小就不会躲闪，谁出手打我，都是硬硬地挺着。

母亲弯腰摸着我的头，说了好多遍"错了就要承认"，我就是紧闭嘴巴，不开口就是不承认。

我，赌赢了，没挨打。

只是每天擀面时母亲总会说：这面，油香油香的，案板替咱把油喝美了。每每母亲说那句话，我就低下了头。

<u>一直没有学会道歉，是我人生空缺的课程。</u>

错后道歉，是人生不容错过的一节课。

还有一次，我自己都觉得该挨打，该美美地被暴打一顿，打得皮开肉绽挪不动身子。那次，我烧毁了家里一间房子。

我嘴馋，突然想吃烤红薯，从厨房里挑了个细长的，寻思了一会儿，就在后院柴火堆旁烤，取柴火方便啊。我贼胆大，又脑子简单，有想法就行动。

烤红薯的地儿与大柴火堆之间至少拉开三大步的距离。火柴一划，麦秸就着了。我开始不停地跑着抱柴火添上去。六七岁的小孩，做事慌慌张张，中间自然落下了不少柴火。红薯没熟，火势倒快速蔓延开来。

<u>踩了几脚，没灭，咋办？跑啊！离开时还踩着门槛从外面把大门锁死。</u>

简短的句子，毛躁的孩子，想将责任推得一干二净就做了荒唐的事情——锁死大门。

那浓烟，那火势，还是巷子里的人砸开铁锁，扑灭了火。整个柴火堆着了，紧挨着的那间房子也烧毁了。

无处可藏的我直接钻进了巷子西头一户人家的木床下面。这户人家跟我家都是从黄河滩迁移过来的外来户，两家来往多交情好。

我在床下迷迷糊糊都睡着了，突然听到哭声，母亲的。

她说自己挨家挨户地问了，也让父亲和哥哥们到村边的沟里、树林里都找遍了，就是没见我的踪影。母亲哭着说，房子烧完都没事，只要娃好好的，娃要有个三长两短可咋办。婶子也说着闯了祸的孩子心里的害怕。母亲哭泣地说着我的金贵，说着怕我出事的种种担心。

她真那么担心我？哭得那么可怜，看来是真的。只要能见到我就是惊喜，哪会动手？我觉得自己可以出场了，只是有点遗憾，得很不体面地从床底下钻出来。爬出来后，母亲破涕为笑，紧紧地抱着我，连声说着"你呀""你呀"，也真的没有打我。我还想着她若打我，我会说：你是老师，还能哄人？

即使在多年后的今天，忆起往事，依然觉得那个小丫头真的很欠揍，我都想暴揍她一顿！也一直没有学会很好地善后，遇到棘手事总是手忙脚乱让事情变得更糟糕。

喜欢回忆，在我，更像取暖：从小被疼爱的孩子，即便以后淋了很大的雨，也能自个儿烘干。

以种种心理活动让读者真真切切地看到，站在那里的依然是个不知悔改的小孩。

回忆的美好在于取暖，在温暖里自愈。

我的世界，您来着色

提笔，语言中不乏夸张，尽是对母亲的溢美之词，让读者充满期待。

越来越觉得我的母亲很神奇，即便她一不小心打碎个瓮，日后每个碎片也一定会派上用场。搜寻大脑，几乎找不到她做错的事，包括对我的教育。

写母亲对"我"人生的影响，语言充满动感。

身为数学老师的她残忍地关上了我通向数学的大门，关得密不透风，令人窒息而绝望。转身，又慷慨地为我的语文学习移山填海，铺就一条康庄大道。

我的世界，一黑一亮，皆由她定。

小孩子的小心思，蠢蠢欲动，只是想象的美好常常与现实的残忍相伴。

一进小学，得知我的母亲将成为我的班主任时，最初的我颇为得意。幼儿园时的情形历历在目：王小胖就因为她的母亲是我们的老师，她每天一到学校就勒令我们站成一排，逐一检查我们的口袋，好吃好玩的，全没收，都归她。每天趾高气扬，一扭一扭的屁股后面还有好些跟班。是不是该轮到我嘚瑟了？

想象有多美好，现实就有多残忍。我的"奇葩"母亲只喜欢用一种管理方式——杀鸡给猴看。很不幸，我沦落为那只鸡。

杀鸡招式一：

"想象成她认定的样子"，一句话，饱含了"我"的委屈。

同学们都在说话，我憋了好久，刚开口，不幸被她看见——她总可以第一眼看见我的状态并想象成她认定的样子。身材高大的她几步就冲了过来，手起巴掌落，生疼的是我，却凝固了教室里的空气，瞬间安静。

杀鸡招式二：

别人没有做作业，我的作业只是不大工整，她会直接撕掉。

倒霉的我就跟没做作业的同学们一块，趴在教室外面的台阶上补做。一下课，就被同学们围观。每每很丢人地趴在外面，心里就翻江倒海地憋屈。两三次后，因为充斥着满腔怨恨，就铁了心改变自己的书写。至今写得一手较为漂亮的字，或许就得益于趴在台子上的丢丑吧。

杀鸡招式三：

学校要从四年级里选十八个女生去镇上参加小合唱。别的老师都选好了，由我的母亲最后把关。她一挥手道，你，脸太黑，不合适。我就灰溜溜地被淘汰了。我的娘亲，您老人家有点常识好不好，用嘴唱不是用脸唱。我再黑，还不是您生出来的？那次杀伤力实在太大了，以至于让我也糊涂起来：我脸黑，所以不能唱歌；我脸黑，所以不可以表现自己；我脸黑，所以没人会喜欢我……结果一黑遮百俊，心理阴影面积可想而知。

杀鸡招式四：

…………

那只可怜的鸡屡屡被杀，战战兢兢如履薄冰；那些惹事的猴子依然蹦蹦跳跳，侥幸心理十足。好事轮不到我，倒霉事一准躲不开。每天都让我早早陪她到学校，干吗？收拾教室里的桌凳顺带清理卫生啊。

她的种种做法让我产生了一种认识：给幼儿园的老师当孩子超级幸福，给小学老师当孩子超级倒霉。可当我看到教语文的赵老师照顾自己孩子时，才恍然大悟——原来只有给我的母亲当孩子才是世界上最大的悲哀。

我讨厌她的极端做法，可我毕竟只是孩子，所以我采取了更极端的做法：放弃了她教的数学。你让我伤心，我让你绝望，两不相欠。真如我所愿，直到考上大学，我的数学都没及格过。

该有多么强大的内心，在忍受屈辱中写出了漂亮的字。

调侃的语言里尽是"我"的无辜与无奈。

"我"为自己的任性付出了惨重代价，读者怜惜之余不禁感慨：这样的妈真让人失望。

对数学乃至理科的畏惧，一定程度上源于母亲的影响。小学时生厌，长大后就成了一锅高黏度的糨糊——母亲极端的管理方式直接斩断了我与数学的关系。而小学四年级时，一个月二十几块工资的母亲，给我订了《少年月刊》，歪打正着，搭起了我与文学的桥梁。

四十多年前，那是连报纸都很少见到的年代，一份杂志足以让很多老师都瞪大眼睛，更不要说同学们了。也不同于谁拥有一本掉了封皮或缺多少页的小说，是每月都将拥有一本的持久快乐。又因为那份杂志，我简直成了乡下孩子眼里神一般的存在，自身的一切不好都被忽视了：她们能接受我的邋遢，她们能容忍我的暴脾气，她们不嫌弃我数学一塌糊涂……她们跟我说话陪我玩就是想分享我的杂志。不说一双双艳羡的眼睛了，就是我自己，也欢喜地原谅了母亲所做的一切。

杂志上的文章看久了，心就痒痒了，就想着模仿，就提笔去写。从日记写起，写出了老师总当范文去读的作文，写出了满心的欢喜，最后将作文写上了报纸。一九八五年，我挣到了第一笔稿费——两块钱，而后又有了中考语文全县第一的骄傲。我打心底里喜欢书写。那种喜欢，不见风雨没有阳光，也能蓬勃滋长，直到壮大成对文学的深爱。在后来的岁月里，遭遇到很多不顺或坎坷，甚至毁灭性的灾难，我都挺了过来，不得不说是文学注入的力量。

此刻提笔，我竟模糊了对母亲的感情。该怨恨还是感激？理科出身的她，硬将我的理科残忍地削成了短板，却在不经意间帮助我推开了文学的大门。

是母亲觉得理科太过复杂不会快乐，还是母亲更知晓文学将铺排成我人生温暖的底色？是母亲冥冥中预知我的性格过于

母亲为"我"订阅的杂志，让"我"从丑小鸭摇身变为白天鹅，也就原谅了母亲对"我"的所有伤害。小孩子的可爱在于讨厌与欢喜随时可以转换，怨恨也能随时放下。

与其说是杂志，不如直言文学，它对"我"的影响是深远的，不仅仅是学业上的成就，还有精神上的加固。

以反问进行推测，其实都是"我"的释然与放下，更像跨越时空与母亲的深度沟通。

倔强，不适合与人合作，便想着找一种我独自玩还能开心的生活方式，才引导我靠近文学？

母亲在时，从未细思，母亲走了便彻底无解。不过回望母亲的一生，她遇事做事，脑子清爽主意正，很少动摇，结果也都不错。如此说来，我的一切，不就是命运最好的安排？

阅读与练笔（二）

阅读理解

《愿你所有的日子都温暖而美好》

1.用一句话完整概括出"紧锣密鼓的迎接工作"。

2.分析画虚线的句子好在哪里。

"一次看见个饮料瓶，瓶身有个很可爱的卡通小子，奔过去弯腰就要捡拾，看见了一只比我更快的手。抬头，一个捡拾废品的流浪汉恶狠狠地瞪着我。我竟没有落荒而逃，而是很淡定地说：我只要上面的那个塑料纸。"

3.模仿全文倒数第3段，以"还记得"写一个排比段，展示对父母的感恩之情，100字以上。

《继父》

1.文章开头和结尾都写到"我们兄妹"对父亲的记忆"只有他",有什么作用?

2.文章以"继父"为题,为什么全文却不出现"继父"一词,只以"他""爸""您"来指称?

3."继父"是一个怎样的人?请结合文章内容做简要分析。

《亲戚》

1.读完全文,概述母亲是如何定义亲戚的?好的亲戚关系是怎样的?用文中的事实来分析。

2.从画虚线句子中选一处细节描写来分析人物性格。

①记忆里,走亲戚时节,别的亲戚们都不去他家,只在他的兄弟家里放个花馍,说这是给三哥留的,就不打搅他了。可母亲每次都领着我去他家。

②她另外取了个杯子,用看起来灰不拉几似乎不干不净的抹布擦拭了一

遍，还不放心地用手指尖儿在杯沿儿上细心地抹了一圈儿。

3.如何理解结尾处"母亲只是笑着"？

邀你试笔

1.每天与我们在一起的亲人，是否无话不谈亲密无间？是不是还有想说却不曾说出的？或许是不敢，或许是不能，或许是不忍……如果可以打开心扉，你会对哪位亲人倾诉心声？而你又会说些什么呢？

请以"＿＿＿＿＿＿，我想对你说"为半命题作文。

要求：①补全题目；②感情真挚，表达心声；③600字以上。

2.父母是不是你心里满意的模样？你是不是自己希望的样子？倘若让你给未来的孩子写封信，你会说什么？

请以"写给未来的孩子"为题，书真情写真意。

要求：①叙事具体，语言流畅；②不少于600字。

3.家，是一道墙，隔离了忧伤，再多的风雨都能抵挡；家，是一张网，捕捉了温暖与阳光，给予人无限的能量。而家人，则是我们成长中最可依赖的，发生在家里的故事更容易激起快乐的浪花。

请以"我家的故事"为主题作文。

要求：①题目自拟，拒绝套作；②600字以上。

"阅读理解"参考答案

《愿你所有的日子都温暖而美好》

1.母亲收集图片为孩子制作人生中的第一本书。

2.（1）对比鲜明。"我"的教师身份与流浪汉形成鲜明对比，愈发表现出母亲为了送给未出生孩子一份礼物，没有不能克服的心理障碍。（2）选材很典型。母亲跟流浪汉同时捡拾饮料瓶看起来场面滑稽，想笑，却被爱深深打动。（任选一个即可。）

3.还记得每天上学前，您总会以拥抱送我出门，带爱出门令我心里踏实；还记得每次放学回家推开门，厨房里总会传出熟悉的香味，有等待的人使我备感幸福；还记得我每晚熬夜学习时，您都会坐在客厅捧一本书看，被陪伴的温暖也是一股强大的动力。（符合排比，表现感恩即可。）

《继父》

1.结构上，开头点题，引出下文对继父的怀念；结尾呼应开头，点明主旨。内容上，强调继父在"我们"心目中的地位，表达对继父的爱戴、怀念之情。

2."继父"只表明他的身份，如果用"继父"指称，有距离感，所以用"他"指称继父；以"爸、您"指称，更能直接抒发对继父的深厚情感。

3.从继父下班后就去摆摊、直到去世前还在摆摊，他会修理各种电器，常帮助别人，可以看出继父是一个勤劳、能干、热心的人；从继父把糖让给"我"吃，把母亲夹给他的菜夹给"我们"，为了攒钱养活一家人，从不吸烟喝酒，一年四季穿旧衣服，可以看出继父是一个关爱孩子、对家庭有责任心的人；从继父不仅能忍受邻里街坊的风言风语以及爷爷奶奶的脸色，还劝母亲不要计较，可以看出继父是一个宽容大量和好脾气的人。

《亲戚》

1.母亲认为亲戚间相处不能嫌贫爱富。

好的亲戚关系是彼此帮助着走向更好的生活。文中母亲一直借钱给三哥三嫂，让敏表姐得以完成学业。而考上大学的敏表姐，又写信激励"我"好好学习，帮助"我"的弟弟求学。

2.①亲戚们看似客客气气的"不打搅"三哥，实则是委婉的疏离，不愿、不屑与三哥走动，与母亲每次都去形成对比，凸显了母亲对亲戚一视同仁的品质。

②三嫂为母亲换杯子的细节显示了对母亲到来的重视，只是她的邋遢让她的殷勤令人难以接受。

3.母亲压根不是亲戚们说的那样的人，很坦诚的她，自然不计较别人怎么说。

第三章

诗意生活

一只鸟飞进教室

那节课，我正在引导孩子们学习古文《送东阳马生序》，一脸虔诚还夹杂着英雄陷入困境的悲壮，同时结合自己年幼时无书可读，到处借书总是碰壁的窘态，满腔激情。

那是一九九〇年的秋天，我做教师的第一年，带的是初一的孩子。

我自知是个偏执的人。因为我相信人人都有见贤思齐从善如流的天性，不够好只是没有被唤醒；我坚信只要我有足够的耐心与爱，可以改变所有孩子的言行；我笃定在我的语文课堂上感受到的某种情怀，可以伴随孩子们一生的岁月。因而常常自我加压，也给孩子们增添额外的学习任务。自己刻蜡版油印一百多份《送东阳马生序》，作为难度较大的补充教材给两个班的孩子。

"天大寒，砚冰坚，手指不可屈伸，弗之怠。录毕，走送之，不敢稍逾约……"

明明他们面前就摊开着油印的文本，明明昨天提前发下已经预习了，明明班里有孩子读文章音质清晰而饱满，我还是执意用自己的"陕普"读着。声音因激动而发颤，因自己深陷其中而表情夸张。就是在这个当儿，一只鸟，飞进只开着一扇窗的教室，飞进了我的课堂。

稳住自己的情绪，努力装作对那只鸟视而不见，愈加动情地诵读。我甚至跟自己打赌：我读得足够好，那只鸟就会被所有的孩子视而不见——孩子们关注鸟的程度与我诵读的好坏成反比。

很快，我溃不成军，输得很彻底，连班上最自律的孩子也遮着掩着瞅起了那只鸟。

它已将我挤下讲台，自己成了主角。

它扑棱着翅膀到处乱撞，都是在挑衅我。它撞一下黑板上方的标语，说，这标语在听你讲课？它撞一下电棒，说，这电棒在听你读课文？它甚至嚣张到在教室上空盘旋，俯视我，逼问我，你敢说下面这些小脑袋都在听你，而不是在看我？

在我也很无奈地停下来看着它时，竟听到了脆脆的叫声，像为自己的精彩表演致答谢词。

就是在那一刻，我顿然醒悟。我让孩子们开始看鸟，说鸟，想象一只鸟咋进了教室，想象鸟此前的情形和此刻的心理，描绘鸟进教室到此刻的状态，再推测一下鸟进教室后我的心理活动……

孩子们立马放开了，兴奋了，脸上舒展又灿烂。

有孩子说，鸟不是在捣乱，误入教室后想赶快逃离，慌乱中找不到出口，才到处撞来撞去，它现在一定很恐慌。（善解鸟意的好孩子。）

有孩子说，好奇也会害死鸟，就不想想只有一扇窗开着，都敢飞进来？现在呀，满翅膀都是抖落不掉的懊悔。（想象力蛮丰富的。）

有孩子说，鸟很得意，我能飞得这么高，就不落下来，也不飞出去，你们拿我有啥办法？（小家伙，你是不是也想像这只鸟一样，给老师出难题？）

有孩子说，经历了这次误入教室，鸟这一辈子也不会再钻进小空间了，特别是——不钻窗子。（愿你也吃一堑长一智。）

有孩子说，大家学习太枯燥了，鸟在教室外面都感觉到了，

这两段对"我"的神态、心理描写非常到位，也真实地反映出孩子们的年龄特点，内容很接地气。

鸟在教室里的动作，以及由此联想到的鸟的心理，都被语言细致生动地展现出来。

体现出"我"教学方式的灵活，也体现出"我"对学生的宽容。

具体写出了同学们在"我"的引导下，对小鸟进课堂这件事的看法和认知，铺陈"孩子们说"，再现场景，饶有兴味。

是专门来给大家调节气氛的，不要伤害鸟。（换个角度，另一番风景。）

有孩子调侃道，鸟在说，这个老师瞎说什么，自然才是最好的老师，看我，比你更有吸引力吧。（好吧，姑且原谅你借鸟说教为师。）

那节课开心又热闹，以至于教导干事跑来以为教室里没有老师孩子们在"作乱"。他们还有很多课可以上，可一两年乃至三五年内，甚或整个求学阶段，也未必再能遇上有鸟飞进教室的课堂，为什么不可以一起聊聊鸟？

而今忆起，做教师三十多年，只遇到过那一次鸟与我争课堂。说真的，曾多次期待教室里再飞进来一只鸟，遗憾的是再也没有发生过。

这种"体验式"教学的思路，真让人心向往之。概述了这样的课堂，并以此为结尾，让人产生联想，达到言有尽而意无穷的效果。

源于那只鸟吧，我毫不犹豫地将语文课堂延伸到了教室乃至学校外面——

下大雪时专门带孩子们去操场玩雪感受雪，校园里满是金灿灿的银杏叶时专门用两节课让孩子们感受色彩的冲击，周末带领自愿报名的六十多个孩子步行来回接近四十里游梁山……

感谢那只鸟，感谢生命中遇到过的所有鸟。

开在心底的花儿

晨起坐在书房，看着窗外朵朵繁花，突而忆起四十多年前的儿时，那是一段"花儿"无处不在的岁月。那时对美好的向往，并没有因为贫穷而打折。好像所有的快乐与美好，都是不经意间从母亲嘴角溜出来的。

不信？随我穿越几十年的岁月看看去。

母亲切葱时会说："来，妈来切葱花。"葱白在她的刀下显得很听话：就那么一圈一圈倒下去，倒成层层绽放的花。红萝卜也很可爱，母亲高兴了，也会给我切个萝卜花。玩后直接塞嘴里，美了眼也甜了嘴。

似乎童年的所有美好都离不开母亲。

母亲像极了睿智的导演，或聪明绝顶的魔术师，没有华美场景没有道具，同样可以让我的童年欢声笑语四处迸溅。

母亲说话离不开"花"。菜已吃完的碟子，她也会说，有油花花，不能浪费。几乎是水煮的菜，天知道有几滴油。可母亲的"油花花"一出口，我们就争着抢着用馍将碟子擦拭一遍，而后吃掉沾满"油花花"的馍块。

连一不小心掉在桌子上的馍渣渣，母亲也叫"馍花花"。她会说，看，把馍花花掉桌子上了。好像每一个馍渣都是绽开的花，都在冲着我们憨笑，都在说：看，我们也是花，要珍惜哟。只是如此一想，就知错般用指尖儿捏起"馍花花"送进嘴里，一脸不好意思。

或许是受了母亲的影响吧，从小，似乎一听到"花"，心里就异乎寻常地柔软，就无法抗拒，满心里只有疼爱。哪怕是——"水花"。

火炉上放着锅，水开了，咕嘟咕嘟翻滚着，像极了大朵大朵的花。母亲并不急着做接下来该做的事，她会说，看，多大的水花花，水把自个儿舒展开了。说这话时她满眼疼爱，宛如水的知己至亲。多年后看到一篇文章，作者惊叹于西北地区的人把白开水叫"牡丹花水"时，我笑了，心怀美好的人，看啥都像花，不是吗？

还有"冰花"。

儿时老家的窗，那么大，只有中间一块镶嵌着玻璃，四周是白纸糊的。下雪后结冰了，窗玻璃好像炸裂了般。嘘——"炸裂"这个词儿若被母亲听见，她会狠狠训斥我的。她自己是不说狠话的，也不让我们说。老一辈人都叫它"窗花"，母亲哪能例外？例外的是，母亲会陪着我们欣赏它，用最简单又最神奇的语言描绘它。

赖在母亲怀里，看着眼前的窗上的"冰花"，想着它的形样像啥，边想边说，才觉得自己的眼界太狭窄了，它好看到我找不到像啥。扭头就将这个困惑说给了母亲，她摸着我的西瓜瓢头说：学着让自家的心宽展，心宽展了，能装下的事就多了，心就像大花园了，眼界自然就宽了。

"奇妙的花"体现出母亲不仅仅用生动的话语讲了生活中的"花"，还讲了一些人生的道理。

从这段抒情段落中，读者对"母亲"这一朴素的形象有了更深刻的认识。朴素才是直逼真理的，说得很透彻。

母亲说得真好，母亲的话简直就是奇妙的花。

人这一生，不就得一直打理自己的心，让它尽可能宽展地去包容，让它富有生命力地去吐纳，更让它像花般散发芬芳。我从来不会歧视农民，我的母亲就是其中的一位。他们没有云里雾里的空大，他们的朴素是穿过浮华直逼真理的。

即便去地里除草，母亲也会先感慨野花开得真好，只遗憾开错了地儿。她会说，再好看的花，开错了地方都可惜了。继而会说，再聪明的脑瓜，用错了地方也一样。似乎是敲打我的。

我求学生涯的第一个书包，是我看着它出落起来的。母亲打开炕头的包袱，里面都是碎布片。

"来，咱给你做个'集花书包'。"

听听，把花儿集中起来的书包，想想都好看得要命。我就趴在母亲盘着的腿上，看着她从碎布片里挑出颜色鲜艳的布片，拼成花朵样，一针一针缝起来。炕上就多了五颜六色的布花朵，再拼起来，就成了"集花书包"。我背着可骄傲了，比起那些富有家庭里母亲用一整块布做的书包，好看多了。

将贫穷的日子变成花的盛宴，沉淀在记忆里，至今温暖着我，这就是贫穷的岁月里母亲馈赠给我的礼物，开在心底永不凋零的花。

具体写"集花书包"的故事，表现出对母亲勤俭节约的生活方式的认同，对母亲在日常生活中给予"我"教导的感谢。

在此强调这段贫穷生活对"我"的影响，升华主题，结尾点题。

一个人的美好时刻

欢欢喜喜热热闹闹，在心底，浪漫如花，醇美似酒，那是一个人的美好时刻。再亲再近的人，都无从介入无法分享。

五岁多。

那瓶蜂蜜，放在高高的架板上，我穷尽智慧与小心，大凳子上摞着小凳子，小凳子上还垫上大枕头。终于两只小手够得着瓶子了，刚抱在胸前，就向后倒去。好在是倒在床上，头跟瓶子都没摔破，有惊无险也就不妨碍偷吃的乐趣了。

终于扭开了瓶盖，我简直厉害得像个大英雄。舌尖儿先在瓶沿儿上舔了一圈，好甜。不要怪我贪婪，只有半瓶啊，舌尖再努力下伸也够不着，只好手指出马了。指尖儿一蘸，舌头环绕着舔……半个下午，蘸蘸，舔舔。估摸着母亲要从地里回来了，赶紧盖好。才发现两手抱着瓶子，无论如何都不可能踩着小凳子上的枕头站稳了，踅摸了几圈，有了主意：从院子里搬进来四块砖，摞了两层，脚下硬邦了，才放上去。

虽是偷吃，却甜蜜无比，这是我生命里最原始的美好。感觉到我嘴里的甜味儿好多天都很浓很浓，以至于做贼心虚，都不敢靠近母亲开口说话，怕泄露了秘密。

六岁。

在外婆家的日子。外婆喜欢坐在大门口的石墩子上给我梳头。我的头发在外婆手底下会变魔术：或一头小辫子，或斜在一边骄傲地翘着，或冲天辫，或盘起一些散落一些……外婆说，

用比喻句开篇点题，营造了一个美好的氛围，奠定了全文的情感基调。

偷吃蜂蜜的过程写得非常细致，场景再现，很有代入感，读后让人不禁莞尔，读者脑海中也会不由自主地搜寻与"我"类似的情形。

"做贼心虚"一词，极富表现力，生动形象地刻画了"我"偷吃蜂蜜后怕被大人发现的心理，体现出孩童的顽皮、纯真。

不管啥都在于人打理，就怕人有心，也怕人没心。

外婆奇奇怪怪的话我听不懂，太阳就是一面大镜子啊，我只管在太阳下扭着身子照来照去。那一刻的我，像只小喜鹊，叽叽喳喳说着满心欢喜。可能是外婆的巧手收纳了我关于头发的所有美好，上学后至今四十年，一直是齐耳短发。

只是想着头发，我的快乐简单而纯粹，儿时不可替代的美好。

九岁。

来我家的表姐跟母亲赶集去了，穿的是她的喇叭裤，那条红裙子就休息了。偷偷穿上表姐的红裙子，太长了，都提到了胸前，那是我第一次穿裙子——现在想来准确的表述应该是"套裙子"。

搬来小凳子站上去，对着有裂缝的镜子看，下面的裙子看不到啊。换成大凳子，我的脸都跑到了镜子上面，啥都看不到了。不是才下过雨？跑到院子里找积水。没有。敢去巷子里吗？裙子太长了，好看不？算了，不看了。就在院子里走来走去，脸上是夸张的笑。或许那次耗尽了穿衣带来的美好，那种饱满的欢喜再也不曾有过。

只是一件不属于我的裙子，却因年幼纯粹的好奇，美好了以后所有的岁月，再也不曾追逐过穿着打扮。

十一岁。

开始写日记了，四十多年前，是刚从煤油灯变成电灯的时候。大人干活都在月亮底下，哪舍得拉灯耗电？我视力好到趴在院台子上就着月光写日记。

学习不好的孩子可能会早熟吧？或者说心儿净想着别的事难以集中精力好好学习？那时我的日记里竟然有个固定的男孩，他家跟我家中间隔了四五家。他文静，好学，是如今典型的"别

外婆的人生哲学蕴含在给"我"梳小辫的过程中，也不知不觉走进了读者的内心。而梳了漂亮小辫儿的"我"开心的样子，也刻画得细致生动。

"饱满的欢喜"写出了这条不属于"我"的裙子给"我"带来的前所未有的欢乐，而穿裙子照镜子的过程，不正是孩童好奇心的写照吗？

人家的孩子"。懵懵懂懂的情愫，丝丝缕缕的缠绕，点点滴滴的捕捉，喜欢得艰难而执着。

关于异性的爱与美好，第一次进驻我的心房，从此再也没有离开过。年少的美好，无人察觉却根深蒂固。

用排比句，罗列了生活中邂逅的美好，此处为略写，丰富了文章内容，更加契合生活的美好"愈来愈多"，且不断衍生的主旨。

过生日时收到闺蜜手绣的手帕，卡通图案深情文字让我欢喜到激动；我曾随意写的小文，不经意间发现竟然被班主任李老师保留了很多年；第一次收到来自异姓姐姐凌鸽的红围巾，她开始进入我的生活引我靠拢美好；母亲三十多年前写给我的信，已经发黄破损还被我珍藏着；跌跌撞撞写作多少年后，一位周姓兄长如一缕阳光照亮了我的写作之路……

属于我一个人的美好愈来愈多，好像真的是靠拢美好就衍生美好，好像美好也喜欢锦上添花般聚堆，哪能一一数完？

只是，我矛盾得可笑，既恨不得拉住时光的指针，怕流转太快，怕太多的美好我来不及接稳并珍藏？又巴不得推着时光的转盘让它加速，一定有更多的美好在前面等着，等着与心怀美好的我不期而遇。

抒发"心怀美好""与美好不期而遇""珍藏美好"等情感，升华主题。

是不是我是个极自私的人，才这么在乎这么珍藏一个人的美好时刻？

喜欢自己努力的样子

喜欢自己努力时的样子，那时的我一定是最可爱的我。我是个傻孩子，一直老老实实谨记着母亲说过的几句话：

"跟人坐不到一条板凳就不要说话，不要叫人下眼看。"

"下苦（方言，出力、卖力气）了，拿到啥都不要抱怨；没下苦，拿了啥都不要心安。"

"人就这么一辈子，活扎实就活出自家的样子了。"

我近乎苛刻地将努力延伸成一种惯性，只是为了跟那些天赋比我好的人坐到一条板凳上平等对话，只是为了拿到什么时心安理得，只是为了活出自己本该拥有的好看模样。

至今回忆起自己的笨，还是会脸红的。

很清楚地记得上二年级时，一道加减题，自己的手指头脚指头加起来还不够用，就让母亲父亲连同哥哥们都不要动，等着我用他们的手指头算加减。连续三天如此，第四天晚上，二哥给了我一大把细细的小木棒，换取了他们的自由。

再大点，在别人眼里很简单的题，我就是理解不了，自然做不对，做不对又心有不甘，不停地问老师。老师原本很有耐心，反反复复讲，我还是坦诚地摇着头，一脸不懂。以至于老师满脸无奈，慨叹说："我知道了，你的脑子不是榆木疙瘩……是花岗岩。"

回去问母亲，老师咋说我的脑子是花岗岩。母亲笑了，说花岗岩是石头呀，石头才耐摔打，没人能伤害得了我娃，不会

> 直接引用母亲的话，让读者在一句句具体的话语中，真切地感受到母亲的形象和她信奉的人生哲学。

> 文章采用总分的思路，"近乎苛刻地将努力延伸成一种惯性"，是母亲的话对"我"的影响，下文具体写了这种影响的事件，行文脉络清晰。

就继续问。学校老师多了，这个问烦了再问那个。得到母亲支持的我，一如既往地不懂就问，慢慢地，开窍了。

如今想来，我跟母亲应该算绝配了，她不斥责怪怨我的蠢笨，将硬硬的伤害柔化成鼓励。在母亲的力挺下，我开足马力地努力，汗水卷携着泪水，融化了一些蠢笨的坚冰。

别人都已入睡的路灯下，别人在室外打闹的课间，不知道别人在干什么的假期，我都在以自己很笨的方式慢慢搞懂吃力的各门学科。我看见了自己一点一点爬行过的痕迹，像蜗牛，歪歪扭扭，轻轻浅浅，方向却没有丝毫偏差。

晨起对着镜子说，继续努力，你看起来就会更优雅。镜子不搭理我，我依旧给它一张灿烂的笑脸。我喜欢努力时的自己，与能否牵手成功无关，那一刻的我，一定没有敷衍生活，不会辜负自己！

也记得开始写作时，兜里总装着纸和笔，走到哪里想到或看到什么立马记下。为了一句话，揣摩好几天，总想不留遗憾地找出更好的表达。将草纸上反反复复修改过的文章一笔一画地往稿纸上誊写，倘使出现一个错别字或没有写规范的，哪怕那一页快誊写完了，也会撕掉重新开始。投出的文章如同我的孩子，怎能允许没有把她打扮好就去见人？我喜欢虔诚写作认真誊写时的自己：人最容易的就是迁就自己，我不想迁就自己，我更想马不停蹄地与更好的自己相遇。

我喜欢读书，喜欢读书时的自己。

那一刻的我是在努力地靠近幸运，且满心欢喜。时空差异导致我与很多美好无从相遇，而书籍，开辟了另一种方式，通过它我可以推开一切尊贵者、深刻者、伟大者的家门，不打招呼径直造访。

比喻，把自己努力中的进步比作蜗牛前行，侧重于表现方向没有丝毫偏差，表现出"我"的顽强和坚持。

"我"学习写作的过程值得读者参考，"我"做事的方式也值得读者借鉴。"跟自己较真儿"，这是遇见更好的自己最有效的方式。

那些因时空差异而无法相遇的美好，可以用读书去弥补，这恐怕是督促读者读书的最好的理由吧。

086

可以跟雨果说说不要让冉·阿让起起伏伏却被辜负，可以问问艾米莉·勃朗特干吗非得让希斯克利夫忘记一切美好那么残忍地一再复仇，可以跟梭罗聊聊在瓦尔登湖畔如何重塑自我，可以去马尔克斯构筑的加勒比海沿岸小镇马孔多看看，可以问问卡勒德·胡赛尼那只风筝真的就那么让他无法淡忘……

因为阅读的浸润与滋养，我的心一直柔软而阳光。感谢阅读，它陪伴着我，才得以远离寂寞孤独，一路欢歌，努力前行。

我很笨，只能竭尽全力看能不能赶上聪明者的步伐；我很矮，只能努力垫高自己才能缩小与高大者的差距；我很自尊，只能倾力做好才不会被人指手画脚说三道四。

说到底只是一句话，我喜欢努力，努力时的我应该是最美的，让自己放心，安心，也舒心。

排比句式很有语势，写出了"我"的不足与努力，"笨""矮"是表面上的，"竭尽全力""努力""自尊""倾力"才是"我"身上最闪耀的地方。

温情的揩布瓜

初夏，楼下栏杆处的揩布瓜拱出了嫩芽儿，看得我满心欢喜，温情的揩布瓜。"揩布瓜"是我们家乡的俗称，顾名思义，能在厨房里当揩布擦案板抹碗碟用的瓜。

揩布瓜是一楼卫哥种的，他拉二胡唱秦腔，生性率直，为官却不争利。楼前的护栏下有块狭长的空地，卫哥就松土种花草，揩布瓜是主打。

我们呢，揩布瓜的芽儿拱出来了，就满心期盼地想着藤蔓扯开来的喜人架势；藤蔓开始朝着栏杆攀爬了，就满心憧憬等着一面绿墙的出现；绿墙上缀满黄花了，闻着花香就想象着嫩瓜的可爱；结瓜了吃着嫩瓜，倒开始想着瓜老了还可以当柔软的揩布使……那个美呀，滋润了心，香了嘴巴，临了，还挺实用的。完全的不劳而大获，还不停地变化着，简直是天上掉馅饼直接落嘴里的感觉。

说白了，长这么大，我还真没见过如此温情之至的植物：真的是敞开来的无私，义无反顾的奉献，彻头彻尾的忘我。

不信？那就跟着我在想象中体验体验吧：

某天，你低头无意一瞥，哇，嫩芽儿！你的心好像被什么挠了一下，痒痒的。好像那小小的芽儿被你这么一看，就浑身攒着劲长了起来，似乎你的眼前已然蓬蓬勃勃一大片。

——期盼，对，期盼的快乐，揩布瓜给你的第一份礼物就是期盼！

抓住了植物"温情"的特点，并具体诠释"温情"的表现：无私、奉献、忘我，下文具体叙述故事，形成总分的结构。

总结上文，强调这是揩布瓜给的第一份礼物——"期盼"。这样表述，能使文章条理更加清晰。

嫩芽儿长起来真不费劲，一天一个样，一截一截蹿着长。你呀，就一直分享着嫩芽儿成长的喜悦。很快，它们就野心勃勃地向着栏杆进军了。先是胆大的一根试探着，缠绕了一圈。似乎没事？真的没事！呼啦啦，一片就齐头并进地开过来了。不几天，栏杆就被一大片搌布瓜的藤蔓爬满，绿茵茵的藤蔓，声势浩大地张扬着。你的眼前，就呈现出了一面厚实的绿墙！

本段抓住了搌布瓜旺盛的生长状态来写。“试探”一词把植物写活了，“爬满”“张扬”“厚实”抓住了植物茂盛的特点。

你的得意在心里冒着泡，好像是你自己征服了一片荒芜之地。不是吗，死寂的布满铁锈的丑陋的栏杆变得绿油油的，真是神奇。

这是搌布瓜送给你的第二份礼物，让你真真切切地感受到了进取的力量，以至于激发了你沉睡已久的斗志。感谢那面绿墙吧，将旺盛的生命力具体而形象地铺展在你的眼前。

强调这是第二份礼物——“进取的力量”，条理清晰，层次分明。

或许搌布瓜不愿意躺在功劳簿上享清福吧，又或许它觉得只是一个劲地绿似乎也不怎么养眼，就想着用花来点缀点缀，让你的视觉不再疲劳。是短短几天吧，又或许是一觉睡醒，黄色的状如喇叭的花儿就活活泼泼地开满了绿墙。

精巧的构思，让搌布瓜的形象变得鲜活，好像它的生长都是“蓄谋已久”的。如此灵动的文字，让看似普通的事物都变得生动有趣。

瞧，这就是它送给你的第三份礼物，原本不是观赏的花，却承担起让你赏心悦目的责任。只要力所能及，就尽可能地灿烂自己快乐别人。

强调第三份礼物——“灿烂自己快乐别人”，层次清晰。

这时小孩子们就活跃起来了，站在栏杆下数花朵，数着数着，不由自主地就想伸手上去。大人们就出声了：嗨——别摘，还有好看的瓜在后面等着呢。他们就不情不愿又不得不缩回了手。那是当着大人们的面，谁知道心里咋想的？反正总会碰见手里拿着小黄花的孩子，小脸蛋乐得都能鼓起来。

或许花也害怕了，唯恐被小孩子摘了去，那不白来世上一遭吗？就慌忙开始攒着劲儿坐果。小小的细细的瓜儿就探头探脑了，有雨就闹腾，见风就猛长。今天才小拇指般，没几天的时间，就小黄瓜样了。

嫩嫩的揸布瓜切成片，热油里翻炒几下就是一道菜，我们可爱可亲的揸布瓜也被有些人叫"菜瓜"或"丝瓜"。

吃吧，长得太密集了，不摘，藤蔓就支撑不住了。我们上楼时就问心无愧地摘一个当盘菜。放心吧，绝对绿色，没有任何化肥农药，卫哥只是浇水而已。

是吃不完，还是长得快？很快，瓜们就老了，没口感了，不能当菜吃了。好了，这才省心呢，小孩大人都不惦记了，就剩下自个儿好好长了。

越长越大，胖胖的，长长的，有风吹过，还得意地摆动呢。

入秋了，叶子尽管不舍，也不得不盘旋着飘落。瓜就裸露出来寂寞起来，伤心得连皮儿也日渐变黄，更别说心里的空空落落。

得了，各自将自己中意的瓜请回家吧，卫哥才懒得搭理呢，他只在乎种。一截绳子绑着瓜蒂，挂起来。晒干，去皮，除籽，柔柔的揸布就出来了。

瞧瞧，仅仅跟着我想了这么一通，都觉得很是滋润，美吧？多温情的揸布瓜，谁说不是？

两棵树

办公室外有两棵树，蓬散的桃树，笔挺的玉兰。

每年似乎同时开花。小心地用了"似乎"是心虚，一向迟钝的我每年注意到她们时，就已一树怒放的粉红，一树害羞如白玉，还真没留意到谁先来谁又后到。

桃树具有少女情怀，所有的浪漫与心事，无遮无掩，一股脑儿都捧到了你面前，一树繁花，满眼粉红，接纳不接纳，随你。玉兰则走了另一极端，沉静高贵地矜持着，内敛含蓄地伫立着。不试探，不靠近，远远地，只在静默里等待。"等待"二字或许都是我的多情，它似乎已沉浸在独处的美好里了。

我不大喜欢凑近桃树，尽管她热情地张扬着，殷勤地舞动着。

一是怕她自来熟，一见来人就黏上来，叽叽喳喳说个没完没了。二是嗅觉有意见，太近，浓郁的花香近乎刺鼻。三是视觉不愉快，太近，繁盛的碎花会占据你整个视线，进而霸道地占据你所有的心理空间，你会有种被淹没的恐惧感。

倒是常常牵挂并看望不召不唤的玉兰，也不介意她的拿捏，或者，冷艳，她好像有种不可抗拒的气场。

常常先是远观，觉得秀气得失真。像求证般靠近，再靠近，甚至走到树下，伸手，有点胆怯，想摸摸那看上去有着白玉般质感的花瓣儿，又怕伤了她。与玉兰处，视觉极舒服：不娇不艳，不蔓不枝，不言不语，以至于只留下我在树下，任凭欢喜漫上心头，荡漾在脸颊。

本段采用对比的手法，写出了桃树和玉兰开花的不同，"少女情怀""高贵地矜持"等高度概括性词语，既能准确地抓住植物的特点，又给人一种美好的感觉。

"又怕伤了她""视觉极舒服""欢喜漫上心头"等词句，从对欣赏玉兰所用的感官描写中可以看出，"我"喜欢玉兰胜过桃树。

人这种生物，无论面对什么，永远都摆不脱一个臭毛病——喜欢对比，喜欢一厢情愿地瞎琢磨。就像此刻的我，看着桃树与玉兰，立马丧失理性，陷入对比中。

说桃树香味重，只怪自己太贪距离太近。后退，再后退，到了合适的距离，深深吸一口，会觉得"芬芳"不是形容词而是调皮地挠着心儿的动词。玉兰树小花少，即便憋足劲地开，也连不成片啊。

把桃树跟玉兰比，不管偏爱哪个，都像让黄牛跟猴子比，嫌黄牛太大不精致，嫌猴子太小难承重，哪有可比性啊，倒是比出了人的幼稚与无聊。

不比了，继续观赏树吧。

由树及人，写出了树样人生，扩大了文章的内涵，深化了文章的主旨。

有些人就像桃树，打眼一看，魅力无穷，靠近，肤浅聒噪得让你窒息，美感顿失。有些人像玉兰，朵朵分明，不拥不挤，开得从容而宁静，给彼此以空间。桃树那样的人，自我膨胀到没有对方的空间；玉兰那样的人，谦和到将自己压缩让对方随便。

人呀，孤寂时喜欢抱团取暖，欢愉时又容易自我，所以有时喜欢桃树有时又离不开玉兰。需要别人的陪伴，又不愿意完全敞开心扉，适当的距离是相处的前提。太近了一转身就会伤了彼此，太远了没个呼应少了慰藉。桃树过于热情，玉兰恰到好处。

呸呸，思想又抛锚了，又胡思乱想了。

干吗要对比？那两棵树倘若知晓，是伤心还是嘲笑？

桃树顾自灿烂，玉兰顾自静默，彼此无碍，干你何事？喜欢就多看，厌倦就走开，是树挽留你看，还是花祈求你赏？纯粹庸人自扰，幸亏没扰到眼前的树。

树的心花的情，浮躁的我们哪里有资格解读？哪里又解读得明白？

桃树张开所有的手臂捧着花送给你，玉兰高高挺立不惊不扰，美得各具情态。站立树下肆无忌惮地讨论树，宛如当面对人指指点点又无实质帮助，脸红不，心亏不？

你喜欢或不喜欢，它都在那里，努力地顺从着自己的意愿，好好生长。仅此而已。就你多事。

嗨——人就这毛病，自己该干的都干不好，却有心情有精力看别人笑话，甚至，看树笑话。

最后几段由树引发的思绪，悠然神飞，正好体现出"我"思路的走向和思维的灵动，这也恰恰说明联想与想象是文学的翅膀。由树生发的思绪和哲理，值得我们好好体会。

一刹那，深陷美好

起笔，由学生名单引发的美好，构思新奇，又恰到好处。

去一所学校找朋友。朋友上课去了，她的办公桌上放着一份学生名单。捧起，目光就无比温柔地抚摸起那些可爱的名字，心儿莫名地激荡起来。

这个孩子叫"黄豆"？黄豆！多直白多硬朗的名字，给他（她）取名字的长辈，对大地对粮食得有多深的感情，才将自己最亲爱的孩子取名"黄豆"？

"黄豆"不是高大上的名字，却绝对是接地气极具生活味的名字。我喜欢它，会不会与我的经历有关？我就是在城市这座钢筋水泥浇筑成的森林里迷失了自己的孩子，闻到柴火味都兴奋无比，何况有幸捡拾到了一粒可爱的"黄豆"？看着这名字，恍惚间就看到了孩子的模样：如果是男孩，一定壮实，淳朴，憨态可掬；倘使女孩，也定然质朴，清新，宽容友善。

由"黄豆"这个名字跟黄豆这种食物相联系，进而猜测学生的性格特点，思路顺畅，且接地气。

可不，叫"黄豆"的孩子理应如此。

呵——还有个叫"王一"的。"王一"，这哪里是名字，简直是中国哲学。

"王"这个姓真的很霸道，"普天之下莫非王土，率土之滨莫非王臣"，几乎所有的姓氏都得臣服于"王"。姓已高高在上，别人须仰视，名儿是不是就得好好琢磨琢磨了，不能拒人于千里之外吧？名儿就内敛内敛再内敛，内敛到简单成一笔——"一"，中国最简单的汉字，独一，真的无二。

"王一"这个名字不就是中国哲学？前面有"王"，"一"

就不简单了；后面是"一"，"王"也就心安了。个人与群体，复杂与简单，完美结合。

还有个孩子竟然叫"简单"！天哪，真是无奇不有。

姓"简"没有悬念，亦无法更改，可顺口给孩子取名"简单"，得有多大的洞察力跟定力。这个叫"简单"的孩子，至少给他（她）取名的人不简单，看透俗尘才能超然物外。而简单生活，未尝不是守住自己的最好方式。

又一个名字让我心动——"明天"！

看着"明天"这个名字，你有什么感觉？不管遇到什么事，都不要怕，也不要沮丧，更不能绝望，还有明天，一切都可能改变。那该是怎样的一个孩子啊？不论男孩还是女孩，一定是明媚而阳光的，会不会是有翅膀披彩霞的天使？这样一想，我自己都乐了。

随意一瞥，小小的名字，竟然给了我这么多美好与想象，心里窃喜，像占了天大的便宜。

还有个名字叫"嘉言"的。"嘉言"不就是"好话"吗？遇人遇事就得好好说话，不要心浮气躁，本着"与人为善"，才会"好话一句三冬暖"。这个名字兴许也会约束着这个孩子，让他沉静下来，成为大家喜欢的人吧。

我原本想继续浏览名单，可办公室一个老师随口的一句话，将我的心思带跑了。

她说：我早晨在菜市买了一把小蒜，想起小时大人们常说的"一把小蒜，香死老汉"……

这句俗语也一下子逗乐了我：小蒜该有多香，才会"香死老汉"？那个老汉该多么柔情才会被香死？令人浮想联翩，可爱之至，美妙无比。

找朋友想好好交流一下，结果，没等到她下课，我就兴冲

从哲学角度诠释"王一"这个名字，切入点巧妙，丰富了文章的内容，且增加了文章的深度。

每个名字都是一首诗、一幅画、一篇哲理散文。

从学生姓名转入生活中遇到的美好，虽三言两语，却很有画面感。

冲地离开了。在她的办公室里，我已经收获了满满的美好。

好像每天，总有各种美好的事等着与我相遇，不是吗？

下班时想顺路买几斤苹果，刚好有人在路边放了几袋子苹果零散着卖。凑过去，弯下腰，正要挑拣，听见了主人的话："先不要急着挑，听我说。味道没问题，就是有果锈，自己吃行，不能送人。"

抬头，年轻人一脸真诚。一刹那，觉得心里柔软异常。我开玩笑道："你这是提醒人不要买啊。"他说："我说的是真话，有果锈，有干伤，送给人就叫人笑话了。"

离开时买了六斤，就冲着年轻人的真诚。撇开苹果是否好吃，遇见一个诚实的人不就是邂逅美好？

常常在一刹那，我就深陷美好难以自拔。是我与美好有缘，还是美好多得让我无法忽视？就像刚才，我正急急赶着回家做饭，被一位老人喊住了，她赶过来殷勤地提醒我，系在风衣后面的腰带开了。

一刹那，我又深陷美好……

补叙了生活中遇到的实诚的摆摊人，简单的话语，让人邂逅美好，再次强调刹那美好给人带来的欢喜和幸福。

略写老人，让读者感受到美好无处不在。

"牵牛紫"里长出的美好

目光落在牵牛紫的长衫上，像被焊住般，无法后移，仿佛看见一朵又一朵牵牛花不惊不扰地在长衫上悄然绽放。

还有多少像"牵牛紫"这般令人着迷或耐人寻味的色彩名？

第一个冒出来的竟是"嫣红"，初中时一位女同学就以"嫣红"为名。那同学长得精致，眉里眼里都是表情，说话又轻声细语，可同一教室学习三年，我竟不曾主动跟她说过一句话。在我看来，她更像一幅画，或者，我与她之间隔着厚厚的无形的玻璃——看着分明却无法真切触及。她总是独来独往，活得像个儿的名字，高贵又孤独。

嫣，到底是怎样的神秘又华贵？嫣红，对凡俗如我者，莫非只存在于文字里？

还是觉得"艳红"亲切，接地气，就是"鲜明的红色"。四声读音，铿锵坚决，不拖泥带水，不装高冷，也没傲气。对了，我身边的朋友有叫冯艳红、姜艳红、李艳红、王艳红的……花团锦簇般，是对女孩众望所归的祝福。

艳，望字生义即"丰富之色"，寓意明确，坦荡直率，能广泛用于人名，足显大众与亲民。

"嫣红"是势，"艳红"是情；"嫣红"是大雅，"艳红"是真切。

说到"桃红"，眼前竟一片灿烂，而后花瓣缤纷如雨，不久枝头果红，空气里都是芬芳。桃红哪里是颜色，分明是一轴徐

由"牵牛紫的长衫"联想到"令人着迷""耐人寻味"的色彩名，读者们顺着"我"的思路，又能联想到哪些色彩名呢？

与"嫣红"相类比的是"艳红"，从"艳红"的读音写到这个词在人们心中的感觉，细细品来，确实有"真切"之感。

徐展开的画卷，有花的绽放，果的香甜，是摇曳而深情的诱惑。

"豆红"？泥腿子出身的我听着就喜欢，可到底是哪种豆的红？红腰豆、大红豆、赤豆、饭豆、红芸豆、荷包豆，还是情意绵绵的相思豆？不管是哪种，豆啊，都是滚圆滚圆的丰收！

漫山遍野跑大的孩子，对地产之物总有莫名的热爱，更何况是果腹之豆。

上述段落细致地介绍了"我"心中的"红"，并把不同红的特点较为细致地阐述出来，表现出丰富的想象力和饱满的情韵，引领读者去思考。

"胭脂色"？不，不，我才不愿意靠近呢，脂粉气都太浓太重。我喜欢的是蓬勃，是生长，就像一直拒绝享受只愿奋斗般，个性决定好恶。

"报春红"是报春花的红吧，这名儿，喜庆，响亮，霸气。"报春"二字，意味着它以绽放自己的生命为代价推开了春的大门。等等，难不成，倘若等不到它，众生万物都得一直困于冰天雪地？虽有"万紫千红总是春"之说，可此时此刻，报春红已独揽了千红之风头，威风！

<u>灰色？想来都是死气沉沉，令人心情黯淡。</u>

由暖色转成冷色，抓住了冷色的特点，写出冷色给人带来的感受，这样多面构思，使得内容更加丰富。

"狐灰色"？眼前立马浮现出耳三角、尾蓬松、毛柔顺的小狐狸，机灵，敏捷，可爱至极。原来让人沮丧的"灰"，一旦攀扯上"狐"，竟可以具体到触手可及，形象到让人心生爱意。

"斑鸠灰"多像只鸟儿，摇头晃脑对我嘚瑟着。听，它还吱声了：哼，你连我都没见过，能想出我的颜色？不觉脸红，也没见过真的狐狸啊，如此说来，"狐灰色""斑鸠灰"都有资格讥笑我了，那我不就成了"灰头土脸"也"心如死灰"了？

"狐色灰""斑鸠灰"，列举了名字带有动物特色的颜色，并把颜色和动物联系起来，使文章充满趣味。

不过，从小长在农村的我并没有被击垮，农村广阔天地里啥没有？牛角灰，被我摸过的牛角；瓦罐灰，被我天天捧下来又端上去放鸡蛋的，不都可以真真切切地浮现在眼前？

对了对了，灰色的变化是敲明叫响唯恐他人不知的。要不咋有一个"嫩灰色"？"嫩"，意味着灰色在长在变，提到变化总让人充满期待。

　　"瓦青色"，你一定容纳了孤寂的屋顶连同那些进进出出热热闹闹的身影。屋上瓦，屋里家，家是启程时的希望也是回归后的踏实。瓦青色里便多了去时憧憬的热望，归后宁静的美好。简简单单一个"瓦"字，就让从乡野里走出来的我浮想联翩。

　　"海涛蓝"与"清水蓝"有区别吗？海涛蓝里当有汹涌之势，清水蓝中定有澄澈之美。一动一静，一飞扬一内敛，宛如性情迥异的帅小伙。

　　"银鱼白"与"月白"的差异显而易见。一个是鳞片闪烁出的光亮，一个是月亮的皎洁，前者张扬后者安宁，张扬里是灿烂的美，安宁中是沉静的好，宛如外向美女与含蓄淑女。

　　"翡翠绿"？乍一听，就伸出手想捧起，自觉失态，继而失笑。这颜色应该是明亮又易碎的，有撩拨人心的纯粹与静美。这颜色，还应当有声响，且清脆悦耳，如翡翠小挂饰相碰触。只是一种颜色啊，却有形，有声，有质感，翡翠绿真奢华。

　　瞧瞧，关于颜色，我只是想了想，倒想出了自己的孤陋与寡闻，少见和多怪，像极了井底之蛙，简直愧对人类进化的艰难。可就是这么一想，宛如在各种灿烂中游走了一通，在美中快活地自卑着。

颜色带有田园特色，文字也具有乡土气息，这样构思，能使文章主题显得更加多重而富有意蕴。

流淌着快乐的小河

村边有条沟,沟里有条河,叫徐家河,儿时所有的快乐就来自徐家河。

一到星期天,一大早吃饱喝足后丫头们就忙活起来了。

有的将要洗的衣物放在一个大笼里压得瓷瓷实实,有的则塞进蛇皮袋子里口儿扎紧,也有的一手拎着装衣物的笼一手拎着空笼,准备好了,就站在自家门口开始吆喝:"走喽——""下徐家河喽——"叫喊声此起彼伏。大伙儿很快就聚集到了巷子中间,而后浩浩荡荡直奔徐家河。

到了沟沿,自然停住。下沟的路有三四里,一声"开始——",撒腿就跑。想想吧,拎着重重的笼,背着满满的蛇皮袋子,飞快地摇摇晃晃。至于跑第几是没人在乎的,在乎的是负重中飞奔的感觉。再想想,陡坡,放开地跑,就有人开足了马力收不住闸直接冲进河里,惹得其他人哈哈大笑。

到了河边,立马手脚利索地营造起个人的空间:

脱下鞋袜,下到河里,先找来大小石头,将自己准备洗衣服的那块水面围起来。不能太严实,得保证水顺畅流淌,只要衣服倒在里面不会随水流出就可以了。为了确保万无一失,还得找几块圆溜点的石头压在衣服上。

说是洗衣物,其实就是将浸泡湿了的衣物放在大石头上用棒槌敲敲打打,至于洗得干净不干净,那就看各人的耐心及母亲的要求了,丫头们更感兴趣的是神侃。不看衣物,只是有一下没一下或快快地抡着棒槌，小嘴吧啦吧啦像机关枪。谁说三个女人一台戏？三个小丫头片子就可以上演热热闹闹的大戏了。

衣物洗好后，就晾晒在身后的草丛上。远远看去，河边很是好看：不同布料不同颜色，一片一片。好了，剩下的时间就属于丫头们了，恐怕这才是她们欢呼雀跃般奔赴徐家河的真正原因。

在河里捞螃蟹的，在沟边找野果子吃的。最富有挑战性的游戏是顺着沟边的羊肠小路往下滑溜：或蹲下抱住双膝用脚来滑动，或干脆一屁股坐在地上冲俯而下。想想吧，羊肠小径盘来绕去，惊险又刺激。

不过新问题又来了：次数多了，抱住双膝用脚的，鞋底就磨薄了；直接坐地上用屁股的，裤子就磨破了。挨打是小事，乡下孩子皮实，哪个不是挨打长大的？没鞋没裤子穿了害得母亲劳累，多心疼。既要玩得开开心心又得消除后顾之忧，咋办？

——屁股下面坐个瓦片试试？

瓦片两边翘起，下面着地部分少还便于滑动。只是，那得多小的屁股？瘦小的可以，肥硕的就不行了。

再后来啊，每次去河边洗衣物，笼下就带着"玩具"：或是切割得方方正正不能用了的凉席片，或是奶奶编的圆形草垫，还有自己用柳条儿编的歪歪扭扭的丑家伙，反正能坐在屁股下就行。没了后顾之忧，一个坐上去，双腿翘起；另一个在身后使劲一推，顺势而下，还多了一种飞起来的感觉。

不断地改进"玩具"，体现出丫头们的聪明伶俐，源于农村生活经验的丰富。

自然也有乖巧懂事的丫头，就是多带了空笼的，她们是不参与玩耍的。

有的在沟边爬上爬下的捡拾羊屎蛋蛋，可别笑，就是满脸欢喜地用手一粒一粒捡起来放进笼里。那时化肥什么的都很稀缺，地里基本上都是农家肥，捡拾羊屎蛋蛋是很普遍的事。活不重，又耗时间，自然多是小孩子。

有的找野菜。那时粮食也少，还多是杂粮充饥，自然少不了野菜。荠菜、灰菜、马齿苋、野蒜、婆婆丁……凡是能吃的，都会挖回家。在开水里一焯，可以做成凉菜；切碎后加点面，再拌点盐、花椒，锅里一蒸，就做成了好吃的菜疙瘩；可以做野菜馅的包子吃，孩子们才不会理会包子皮儿是什么面做的；还可以烙菜饼吃，做菜面吃……只是野菜，聪慧的母亲们却能做出种种吃法。

找野菜，挖中药，体现出农村孩子的勤劳、懂事，让人读后不禁为这些乡村孩子质朴的品质点赞。

有的挖中药，挖的中药晒干后自然有人来村子里收购，或者干脆拿到镇上的中药铺子卖。别小看穷山沟，值钱的东西可不少：最多的是远志，还有麻黄、地骨皮、柴胡、黄芩，等等。卖的钱大部分交给母亲补贴家用，自己只留点买学习用具。

日落西山了，玩得差不多了，也饿了，就开始收拾晾晒的衣物准备回家。

寒冬了，结冰了，徐家河更热闹了——天然的溜冰场。活跃的自然是野小子们，丫头们就成了看客。

没带家伙的显得很是潇洒。有的站在冰上，飞起助跑，随后"刺溜"滑出好长一段距离。有的仰起头，舒展着手臂，金鸡独立般在冰上旋转。更多的是几个人，或并排手拉手，或一个搭一个的后背，一起滑动。还有几个不甘示弱的真正的疯丫头，竟然在冰上扔沙包玩。

有的带着家伙，比如铁锹，熟悉吧？用铁锹玩需要两个人的配合：一个蹲在锹头，双手把牢锹把，另一个远在锹把前，探身过来，可着劲儿猛地推一下锹把，"哗——"就转动起来，能转好些圈呢。干吗要远离锹把探着身子推？因为曾有个傻小子，他给人家推锨把时没有远离，飞转过来的锨把一下子把他打趴下了。

　　还有更贪玩的，几个人把家里整理地用的耱抬来，平放在冰上。耱上几个人，或站或蹲，另外几个人用绳子拉起耱飞跑。想想，是在冰上啊，能顺溜地跑吗？于是滑倒一片，摔倒一片，也笑倒一片。如此反反复复，乐此不疲。

　　玩嘛，要的就是抖落一地的笑声。

　　徐家河是仁慈的，她把夏天的快乐给了疯丫头，把冬天的开心留给了野小子。因了徐家河的慷慨施与，童年里的快乐也就奔流成了一条会唱歌的河。

详细记录了冬天徐家河给野小子们带来的欢乐，快乐的感觉也能从字里行间跳脱出来。

把"童年里的快乐"比作"会唱歌的河"，具有流动感，也体现出徐家河在"我"心目中的地位和重要意义。

103

阅读与练笔（三）

阅读理解

《一只鸟飞进教室》

1.文章为什么详写学生看鸟、说鸟的过程？

2.通读文章，分析老师这一人物形象。

3.请从内容和结构两方面，分析全文第6段的作用？

《温情的捃布瓜》

1.捃布瓜给"我"的三份礼物，分别是什么？请简要概括。

2. 赏析句中加点词的表达效果。

很快，它们就野心勃勃地向着栏杆进军了。
　　　　　 ・・・・

3. 文章为什么强调搌布瓜是一楼卫哥种的？

《流淌着快乐的小河》

1. 本文主要写了丫头们和野小子在河边的哪些快乐？

2. 从词性的角度赏析下面的句子。

想想吧，拎着重重的笼，背着满满的蛇皮袋子，飞快地摇摇晃晃。

3. 结合全文，说说标题"流淌着快乐的小河"的含义。

邀你试笔

1.校园中，除了早出晚归的师生之外，还生活着许多小动物，在餐厅外寻寻觅觅的麻雀，深一脚浅一脚行走在花坛边的流浪猫，与我们一同上晚自习的扑火飞蛾，甚至春日花坛边的蜂围蝶阵……请你以"寄宿在校园中的小生灵"为题，写一篇作文。

要求：①锁定一个或者几个校园中的小生灵，写出真实的感受或独特的发现。②言之有物，避免空洞说教、抒情，不得出现真实的人名和校名，不少于600字。

2.只此青绿、姹紫嫣红、桃红柳绿、黑白相间……这些色彩词，你最喜欢哪一个？你由这些色彩词想到了哪些故事？产生了哪些情感？

请你以"_____，我最喜欢的色彩"为题，写一篇文章。

要求：①横线处填写色彩词，先将题目补充完整，然后作文。②写人记事建议塑造典型形象，写景注意抓住景物特点，抒情注意情感真挚。③文体自选，不得出现真实的人名和校名，不少于600字。

3.请以"捡拾记忆里的珍珠"为题，写一篇作文。

要求：①文体自选，诗歌除外。②注意抒发真情实感。③不得出现真实的人名和校名，不少于600字。

"阅读理解"参考答案

《一只鸟飞进教室》

1.（1）体现出学生对老师提出的问题感兴趣，思维很发散，想法很多。
（2）更体现出老师灵活处理课堂突发事件的能力，智慧且对学生宽容。（3）
这些详写内容都能体现发现并欣赏生命中出现的美好事物的主题。

2.（1）对待教学认真且一丝不苟。从老师给我们加印《送东阳马生序》
并讲解一事可以看出。（2）灵活处理课堂突发事件。从发现无法让学生专
注听讲不看鸟，便顺势而为，让学生看鸟说鸟的举动可以看出。（3）对学
生宽容。学生上课分心，老师没有批评学生，而是因势利导。（4）细心且
善于捕捉生活中的美好。课堂趣事，生活琐事，老师都把它们记录下来。

3.内容上：写出了"我"的讲课在鸟的面前惨遭失败，孩子们的注意力
成功被鸟吸引走。结构上：承上启下。承接上文"我"想用自己的声音，来
拉回学生的注意力。为下文"我"转换思路，让学生看鸟说鸟做铺垫。

《温情的揸布瓜》

1.（1）期盼的快乐。（2）进取的力量。（3）灿烂自己快乐别人。

2.野心勃勃：本意形容野心很大。文中指揸布瓜生长旺盛，表达出作者
对其勃勃生机的欣喜和赞美。

3.（1）因为卫哥种揸布瓜，挑选的地方是楼前护栏下的狭长空地，卫
哥只松土、浇水，体现出揸布瓜不挑地、好活、生命力旺盛等特点。（2）
卫哥生性直率、为官却不争利，大方，乐于分享自己的劳动果实，和揸布

瓜温情的性格有几分相似。（3）表现出"我"对揾布瓜和卫哥精神品质的认同和赞美。

《流淌着快乐的小河》

1.丫头们：在河边，边洗衣服边聊天，捞螃蟹，找野果子、野菜、中药，捡拾羊屎蛋蛋，顺着小路向下滑。野小子们：溜冰。

2."重重的""满满的""摇摇晃晃"，这些叠词写出了丫头们需要背着的洗濯衣物之多，和走起路来不稳当的情态。音律和谐，起到了加深语意的作用，读起来朗朗上口，富有音韵美。

3.(1)表层含义，写出了儿时的故事像河水一样，不断流淌。深层含义，儿时在河边玩耍的经历，至今想来，仍让人感到快乐。（2）表达出对童年往事的怀念，对依河而居的乡村生活的留恋。

第四章

人海温情

为我涂上生命底色的人

从"懊悔"到"懊恼"再到"悔恨"，情绪像在开枝散叶。

我常常想起她，想起她就有些懊悔，懊恼自己想起她太晚，悔恨没有早点意识到她在我生命深处的蓬勃滋长。

像祖母院里养的花花草草一样，我欢实地伸胳膊蹬腿舒舒坦坦地长到了五岁。正在院子里逗小狗玩，父亲说，斌子，该收心上学了。仿佛刮过一阵可恶的风，满心的欢快瞬间凋零。

我要上学了？不知上学的恐惧从何而来，小小年纪的我竟是本能地拒绝。

用了"撵""逮住""紧紧握着""手腕被捏得生疼"等词句，只是上学，却像对犯人的缉拿归案，可见"我"对上学的抵触之深。

开学那天，母亲把我从池塘边撵到家里，又从前院撵到后院，气喘吁吁才逮住了。她戳了一下我的脑门笑骂道，比泥鳅还难对付。似乎怕我挣脱，她紧紧地握着我的小手腕，以至于小手腕被捏得生疼。她拉着撅着屁股使劲往后拖的我，走过了几条巷道。到了村边，上了高高的台阶，进了大门。我们站在了一个人面前，母亲说"问老师好"时，我依然憋着气扭着头不正眼瞧。

孩子越小，越容易靠拢别人贴上的标签。当老师说出"乖孩子"时就是在传递一种信息——"我认定你是乖孩子"，孩子就会努力向乖靠拢。反之亦然。任何小事都可能让孩子的思想拐弯，谨慎贴标签。

余光里，她弯腰，大手摸了一下我的小脸蛋说："小斌斌没哭啊，乖孩子。"那声音轻轻柔柔的，似乎有种魔力。"乖孩子"别过头看她，她正笑眯眯地瞧着我。恍惚间，她的眼睛里投下一捧光，将我整个人儿包裹其中。一种很柔很软很安全的感觉瞬间俘获了我，驱逐了此前拒绝上学的种种不安与恐惧。

带我们时她的年龄已经很大了，像我的祖母般。她不高声说话，不发火，不打骂孩子。倘若你不小心做错了事，她只是嗔怒，会轻声细语地告诉你哪里错了，还会抱抱你。你没有做错事的丢人与自卑，只有不好意思，哪会反复错呢？

小孩子才知道应该在自己喜欢的人跟前怎样表现。就像她见第一面将我认定为"乖孩子"时，我原本想着到了学前班继续蛮横地哭闹以期母亲无奈地将我带回去的念头，就被"乖孩子"轻轻抹去了。

有时她会把我们带到教室外面的梧桐树下，我们团坐在一起，她坐中间，给我们讲故事，带我们做游戏。梧桐叶落下来，有些孩子的眼睛、心思就随着树叶飘飞起来了，更有调皮的直接起身去捉树叶。那时，她会停下来，笑眯眯地看着，甚至会说"那就玩一会儿吧"，而后两只手一摆，示意我们可以自由活动了。

有时下雨了，她会让我们在教室门口一字排开，看雨，我们便把小手伸过去在雨中划拉着去感受。有更顽皮的跑进雨里，她只叮咛"小心点，别摔倒"。当有孩子说"雨点像豆豆"时，她带头鼓掌，并鼓励我们看着雨说雨。欢声笑语就像雨点般噼里啪啦洒落一地，又随着破碎了的水泡荡漾开来。

学校外是一片坡地，没种庄稼尽是野花野草，是我们的乐园。

春天来了，我们在那里看到了使劲往出钻的小草，她提醒我们不要踩踏刚出来的嫩芽儿；夏天到了，我们在那里触摸了花瓣绸缎般的质感，她说摸摸就好不要摘下来；秋天呢，她教我们认识采摘野果子，酸酸的甜甜的都有；冬天她则用热闹帮我们驱逐入骨的寒冷，带我们从坡上往下滑，摔倒没哭的，会挨个抱抱。

她的神奇在于将小小的教室变得无穷大：带我们见识了着霜后的植物啥样子，领略了下雪并不是最冷的，我们快乐地跺着脚是因为知道冬天会过去的……她耐心地带着我们玩，看着我们闹，总是满脸慈祥。

室外教学原本就很放松，受到干扰索性停止教学活动，这种情形下师生皆无焦虑，都是享受。

老师以四季为课堂，诗意熏陶出的一定是美好品质。

教学活动场所及形式的变化，表现了"我"是在自由而欢喜中慢慢成长，也给回忆涂上了很美的色彩。

我们缓慢又温暖地成长着，我们的质地便得以瓷瓷实实，不脆弱耐摔打。

是不是因了儿时这一段经历，我才视风雨霜雪为朋友？来了，坦然接受并好好相处，自己搀扶着自己走过了一段又一段的迷茫与泥泞？

记忆里我一直在扫地。是自己喜欢还是老师布置的任务？早已忘得一干二净了。唯一印象深刻的，就是自己一直开开心心像勇士般地抢着扫帚，一下，一下，扫帚挥舞得高高的，尘土飞扬，真像打高尔夫的姿势。而今我能持久专注又不乏快乐地做事，莫非就是儿时扫地留下的快乐痕迹？朋友常说我温和阳光又很有个性，像个高段位的绅士，莫非源于有那个舒舒展展的童年做底色？

突然记得她老人家说过的一句话："小时候受点伤，长大了就是疤。"有幸遇见她，我的小时候才被呵护得无比妥帖，揣着快乐，端端正正又温温暖暖地一路走来。

如果说我的人生真有暖色，一定是复制了老师的笑容。如果我总笃定自己是安全的，一定源于老师的那束目光，像孙悟空的金箍棒画出的神奇的圈，遮挡了所有可能伤害我的风雨。

多年后，她常常出现在我的梦里。当我感觉到她留给了我巨大财富时，她已去了天堂，为此，我学会了抬头追逐太阳。

你是好样的，孩子

憨憨是朋友的儿子，大名改了又改，第一个大名叫"飞宇"，在他出生前就取好的，饱含了朋友夫妇的热望。第二个大名叫"平安"，是两岁时改的，不过也很少叫。小名曾叫"龙龙"，龙年出生。后来，后来呀，父母无比疼惜的目光交织成"憨憨"。所有人都习惯叫他"憨憨"，他也响亮地答应着。

这是怎样的孩子，名字竟变来变去，莫非名字里藏着很多故事？读者一定会急切地以继续阅读来探个究竟。

憨憨是个脑瘫孩子，几岁之后勉强能走路了，只是走起路很是艰难且异常难看，摇晃摆动，像在蹩脚地模仿唐老鸭。

朋友找我，说了想法：能不能将憨憨转进我所在的学校，我再帮忙找个老师能说上话的班，照顾起孩子也方便。在学校，我只是一名普通教师，普通到说出的话只有自己认真听。可想到憨憨，我心里只有奔涌着的不忍，愿意拉下脸面哪怕求爷爷告奶奶，也要促成这件事——转憨憨进这所小城里最好的学校。

朋友的要求，"我"的普通，却依然愿意去做超出自己能力范围的事，因了体恤的心。

尽管我委婉含蓄地解释了很多，班主任老师第一眼看到憨憨时，目光里流露出的还是震惊——憨憨表现出的远远超过我努力描述的。老师有点无奈也有点可怜地说，我先带他进教室吧。

我有点不放心地跟在后面。我不知道那是不是一个友善的群体，我怕他们的异样目光让憨憨不能承受，因为我真的不知道憨憨承受挫折的能力。

班主任站在讲台上说了句"今天我们班转来一名新同学"，就招手让憨憨进来。令我震惊的是，他没有直接进去，而是大声喊了"报告"。憨憨吐字含糊不清，且不能连贯，一字一顿。

一声"报告"，刻画出憨憨虽然被疾病困扰，可依然懂得规矩。这样的孩子更让人心疼。

113

想想吧，声音异常响亮，却含糊不清，一字一顿，是不是将滑稽无限放大？教室里立马传出了笑声。是呀，憨憨的声音，谁听了都想笑，可我却鼻子发酸。

憨憨挥动着双臂，一瘸一拐地颠簸着挪进教室，他停在了讲台边，歪着头满脸憨笑地看着老师。我感觉得到，教室下面有了很明显的波动。老师指了一下第三组第五排最外面的座位，说你坐那儿去吧。

憨憨响亮地答道"好"。憨憨每吐出一个字，全身都辅助着晃动。背一弯，双臂一划拉。特别是双臂，似乎不借助双臂的大幅度划动就无法完成发音。说话时的憨憨，更像舞台上傻傻的小丑，每一个细微的动作，都显得那么荒诞与可笑。他原本可以省掉一些应答的，可他是个有礼貌的孩子，逢问必答。

憨憨向那个座位挪去：脖子前伸，晃动双臂，右腿划拉着。教室里的笑声像炸了锅。是的，那笑声肆无忌惮铺天盖地，如大海的波涛般汹涌击打着憨憨。他就在那嘲笑声中艰难地挪动。我有种想冲进教室训斥学生的愤怒，我怕憨憨承受不了。

从背影上看，他没有丝毫停顿，只是挪向那个静静地等着自己的座位。到了座位上，他从背上取下书包，放在课桌上，而后坐得端端正正看着老师。再下来，他想起什么似的，满脸是笑地冲着教室门口的我摆摆手，示意我：我好了，您可以离开了。

眼泪滑出了我的眼眶，我没有马上离开，而是徘徊在教室门口。班主任走了出来，问我还有什么事。我说我有个请求，你今天下午能不能开个班会，谈谈就如何与我送的这个孩子相处……如果你忙的话，我替你开也行。我下午没课。

班主任略微想了一下，说她知道我的担心了，一定开，就不麻烦我了。

憨憨进教室的整个过程，每个动作每句应答都牵动着读者的心。读者的目光能划破纸张，满是祈求地落在孩子们身上，唯恐憨憨不被善待。冷静客观地叙事，让事情本身去触动读者。

那天晚上，我特意去了憨憨家。跟他交流了很多，特别是有可能遇到的尴尬等等。憨憨很懂事，他说，我知道，慢慢就好了，有啥事我还可以去找你，阿姨。他脸上堆满了感激的笑，还热情地来回摇摆着给我倒水，尽管我说了不需要、不渴。

后来，在校园里，偶尔也会遇到憨憨。他会满脸欢喜、声音响亮地给我打招呼——张老师，而不是在校外喊的"阿姨"。一年多了，憨憨从未来过我的办公室，我知道，他一定不会像别的孩子一样顺利。

憨憨依然那样夸张地走路，我也没有见过有人与他同行过。曾问他，跟同学相处得咋样。他说，还行。又补充道，没人再笑我了。我拍了拍他的肩膀，说：好样的，憨憨！

"一年多了，憨憨从未来过我的办公室，我知道，他一定不会像别的孩子一样顺利。"憨憨的坚强自立，可见一斑。

门卫夫妇

提笔，简单的叙事勾勒出门卫大叔的通情达理。

一向身体硬朗的门卫大叔生了场病，住了三天院，出院后的那个周末，被委婉告知辞退了。大家都不舍，大叔倒很通情达理，没有一丁点抱怨，说我要真的在这里出点事，人家单位也不好处理。

十八年前家属院刚建成，大叔就是门卫。三十平方米的门卫室，就是他和老伴的生活范围。外面里面，经常坐满了家属院的老人，退休职工少，多是从乡下来给子女照顾小孩的，或被子女接进城养老的。特别是冬天，门卫室里，地上老头们，床上老婆婆们，喝茶的，拉家常的，一时兴起玩几圈纸牌的。那时，大叔总是笑盈盈地坐在门卫室的外面值班，大婶在里面招呼着大家。

门卫室像个小小的老年活动室，大婶耐心陪伴老人，大叔认真执勤，温馨又有原则。

欢声笑语一年四季都在门卫室内外流淌，轻盈又响亮，琐屑又温暖。每次从大门口进进出出，却不觉得吵闹。或许源于每个人只要愿意，随时都可以介入——不被拒绝哪会反感？

不被拒绝就不会反感，生活就是深奥的哲学。

上班前，有人将老人用轮椅推至门卫室前，冲里面喊声：婶，我妈陪你来了。大婶的声音差不多会跟人同时出来，将老人推进去。有时年轻的妈妈将小孩往门口一放，说，姨，帮忙照看一下娃，马上回来。大婶就应声出来，牵过小孩的手。

明明是麻烦大婶帮着照顾，却说出"婶，我妈陪你来了"，多么可爱又融洽的相处。

好在需要费心的老人孩子也不多，否则，小小的门卫室哪里容得下？

我呢，似乎更过分。上班前留一句："大婶，门口来了卖豆腐的给我买两块。"下午溜达到门口："大叔，水龙头坏了能收拾不？"

说白了，对大家来说，大叔大婶看门的功能早已退居其次，随意亲切得更像没住在一起的家人。

有次已经过了门卫室，大婶在后面喊住了我。

"刚蒸出来的，给娃端回去尝尝。"手里端着一碗蒸饺，还冒着热气。"我一直从门缝里瞅你过去没，给娃在热锅里放着，不凉，回去赶紧吃。"

那时我是单亲妈妈，每天匆匆忙忙接送孩子，风风火火上下班。许是大婶看着心疼吧，就惦记着照顾照顾我们娘俩。烙的饼子，炸的油糕，从乡下捎来的新鲜菜，总忘不了分些给我。

还有一次刚进门，正寻思着下午饭吃啥，听到敲门声。我家在没有电梯的六楼，很少有人串门的，还是这个时间段？纳闷着拉开门，是门卫大叔。<u>他端着一盆蒸饺，说你婶子听见娃想吃蒸饺，放冰箱里，能吃几天。</u>

立马想起来了。下午送小家伙去学校，快出家属院时他突然说又想吃蒸饺了。我拍了一下他的脑袋道，周末做，现在没时间。那会儿大婶刚好在门口坐着。<u>大叔大婶人很厚道，对大伙都热情，只是我的处境更让他们同情罢了。</u>

旧衣物曾让我很头疼。扔了，多可惜，仅仅是人不争气地变胖了，它们才显得小了；放着吧，显然成了衣柜里的摆设，无法上身又占地方，空间与资源的双重浪费。整理一次就送给大婶，让她散给乡下的亲戚邻里穿。大婶因此很是不安，好像占了我很大的便宜。

<u>给我送来一袋子莲菜。说，"我把你给的衣服分给人家几件，是人家过意不去捎给你的"</u>。

再次送蒸饺给"我"，是体恤，是默默的关注，是贴心的暖。

小人物对小人物的疼惜，是抱团取暖，还是不忍里的大爱？

大叔大婶拥有感恩的心，总想着回报。

117

给我送来一袋小米。说，"你那么好的大衣送给人家，人家给你的"。

…………

大婶经常送我些地里产的，总有说得过去让我不得不接受的理由。

也记得母亲去世的前几年，身体已经不方便了。每次来看我，必先在门卫室休息半天，等我下班搀扶她上楼。大婶招呼着，吃呀喝呀，如同亲戚。

自大叔大婶走后，门卫换了好几任。有时几个月就换，不等熟悉又成了陌生。不过，感觉后来的历任门卫更像门神，以至于我有一种感觉：家属院不同于单位，门卫就应该找像大叔大婶那样，年龄在六十左右的老人。对，大叔离开门卫室时是七十五岁左右，待了十多年，我们现在还常常提起他们。

以别的门卫来反衬大叔大婶，这样的人真的值得大家留恋。

胖丫，我现在过得很好

胖丫在我的小文里出现的频率最高，高到"胖丫"这俩字一出现在我的笔下，我的眼睛就湿湿的，鼻子就酸酸的。

记忆里胖丫一直很胖，胖得有点说不过去：吃不饱饭的日子，大家长得多像豆芽菜，孱孱弱弱可怜吧唧。唯有胖丫，像棵大白菜，圆圆胖胖，胖到你似乎不敢磕碰她，害怕一磕碰会炸裂。

一条小巷子里，小孩子们也是有"圈"的：艳丽圈里的都是家境好，人又娇贵的；春草圈里的妈都像母老虎，娃们自然也都不是省油的灯；梅香圈里的不固定在于梅香一闹矛盾就"清除异己"，一高兴就"拉人入伙"。

善良的胖丫想将所有人都划入自己的圈，也就注定了她被所有圈排斥在外。而我，是个被所有圈都冷漠拒绝的小可怜——走起路我的腿颠簸得厉害，活动很不方便。很多时候，胖丫就跟我待在一起，多半是同情。胖丫话少，我也不喜欢说话，我们多是沉默。偶尔对视一下，笑从嘴角一晃而过。

我妈说，你这是"小儿麻痹"，"小儿"，知道不？你长大了病就好了。

这是胖丫经常说给我的话，也是我儿时听到的最好听的一句话。

我三天两头有病，经常请假，又有几天没去学校了。在麦场，胖丫用树枝在地上划着教我新学的字。

艳丽带着她的圈里人过来了，嘲笑道，反正又考不了第一，

开篇就引发了读者的好奇：为什么会这样？在胖丫身上发生了怎样的事？

具体写胖丫的"胖"，实则是埋下伏笔。

胖丫选了"我"，是不忍看着"我"孤单，以各种圈反衬出胖丫的善良。

学不学都一样。

艳丽常考第一，她妈就是我们的老师。

"你不能那样说话。她还考过第五哩。"胖丫站了起来。

"一个大胖子，一个小瘸子，还能学好啥？"艳丽撇下这句话就想离开。

胖丫一把扯住她的衣襟："你那是骂人的话。你妈是老师你还说脏话？"

"就骂了就骂了，你想咋？"艳丽撇着嘴扭着脖子，"就骂了，死胖子，小瘸子，你能咋？"

艳丽声音一大，她的人就凑了过来，都羞辱起胖丫。胖丫一跺脚，蹲在地上哭了。

小孩子的恶毒像刺，看起来不大，却扎得你心疼。

是我害得胖丫让人欺负。我拉她时，胖丫却狠狠地用树枝戳着地说，不怪你，要是我厉害了就不怕她们了。

我知道，其实胖丫原本属于艳丽的圈子。胖丫家境好，就是因为她想将所有人都当作自己的朋友，不愿意只属于艳丽的圈子，才落到跟我一样的孤家寡人。

我得到的第一个珍贵的礼物是胖丫给的，一支带橡皮的铅笔，还是她舅舅从天津回来时带给她的。在我高兴地摸着神奇的铅笔时，胖丫却并不开心："你说，我给你个啥东西，你的腿就能跟我一样了？"胖丫见我的脸上笼上了一层阴冷，立马噤了声。

我的腿，给我耻辱的腿。我经常捶打着它，它却不会愤怒到踹我一脚——没血性的家伙！

那时我们都帮着大人干活。七八岁的孩子，拎个大笼，割起草来一个比一个利索。似乎是约定俗成的，到了地里，谁先

胖丫一直在学习上帮助"我"，遇事保护"我"，哪怕自己受伤，只恨不能护"我"周全。

胖丫的礼物与问话，皆是纯粹的友爱，让人心动又心疼。

占到的那一小块别人都不会随便凑过去，除非关系特好的。

我先占到的那块地，都是猪爱吃的草。"胖丫，过来，这里草好。"我喊道。

我俩正喜滋滋地割着，觉得不离那块地笼都会满的。

春草过来了，手底下"唰唰唰"很利索。"你不能割，这是我先占到的。"我停了下来阻止她。

"这地写着你的名字，还是草上写着你的名字？"春草一开口就把我噎住了。

"这就是我先占到的！"我很固执，"我叫胖丫割，没叫你。"

"你腿瘸，嘴不瘸啊。"春草一把推过来，我仰面倒在地上。

"你，咋打人？"胖丫质问间用壮实的身体冲了过去，两人就扭在了一块。春草圈里的人都过来了，我看见她们拉起偏架，让春草更欢地挥动着手臂噼里啪啦地落到胖丫身上。

<u>太过分了，实在太过分了！我爬了起来，瞪着眼睛，逮着谁都狠狠咬，她们疼得"吱哩哇啦"地叫。几口下去，春草的人都退后了。我揪着春草的头发死活不放手，春草疼得也跺脚大叫。</u>

"再欺负人，把你揪成秃子！"谁被逼急了都会邪恶起来的，所以我相信受伤的兔子会咬人。

那天，春草那母老虎的妈来到我家大吵大闹，还将我拉到我妈跟前推搡着。我冲过去，取下墙上挂着的镰刀，瞪着眼咬着牙说："你再动我，看我敢不敢把你娃砍死？"

春草妈立马闭了嘴巴，灰溜溜地离开了。

好像从那以后，艳丽的圈子春草的圈子梅香的圈子，所有圈里的人，见我都皮笑肉不笑地嘴巴咧开，再也没人招惹我了。胖丫说，她们私底下都说我是"二百五"。

"我"为了保护胖丫而变得暴力，击退了伤害她的人。这是小孩间的纠纷，更是友情的守护！

121

二百五就二百五，我只有胖丫一个朋友，不能让胖丫为了我总受欺负。我当时就是这么想的。

胖丫，我们很多年没见了。我现在过得很好，你在那边，还好吧？

以最凶恶的面孔搞定了一件事，也终于能保护胖丫了——"我"唯一的朋友。干净的友谊，醇厚的情意。

点出胖丫已离开人间，照应了胖丫的胖是一种病。

浪漫的母亲

我一直觉得，母亲从骨子里是个很浪漫很浪漫的人。

记得小时候，切面条时，母亲总会把我喊到案板前，问，凌娃，想吃啥样的面条？我呢，歪着脖子仰着脸蛋，边瞎想边瞎说，母亲就按我说的样子来切：三角形、菱形、正方形、长方形……我说啥她就切成啥样的。父亲总责怪母亲，说大人没大人样，你就跟着娃贪玩吧，吃一顿饭都吃得乱七八糟。

父亲不知道的是，就是因了我的参与我的瞎想瞎说，我才嬉戏般吃完没油水没菜的杂粮面条，还吃得有滋有味。

用糜子面、玉米面、红薯面蒸馍馍时，母亲更民主。只要我们兄妹没事，就可以趴到案板上参与。洗干净的各种豆子就放在旁边。馍馍的形样随便捏，可以在里面放进自己喜欢的豆子。母亲只是强调说，自己捏的馍馍蒸熟后就是自己的了，得吃完，不许耍赖的。

已经说好了，我们就没有抱怨地吃着其实并不喜欢吃的各种馍馍。不过就因为有几粒豆子包在里面，且是自己包进去的，吃时的感觉就好多了。

想想看，几个箅子上，东倒西歪着不同形样的馍馍，谁家会这么开明？只有浪漫的母亲才会想到用种种方式刺激孩子们的味蕾，唤起孩子们的食欲。

母亲的浪漫，当然不止这些。

想想，吃个苹果都像过年一样隆重的年月，院子里的苹果

以"切面条"来具体写母亲的浪漫，母亲的浪漫是在贫穷的岁月里以最好的方式陪伴孩子。

因为蒸馍时的民主，因为孩子们的参与，再不好吃的馍馍都可以接受。如果不能改变外部环境，就努力改变自己面对生活的姿态。

树上结了多少苹果，都在母亲反反复复中数得清清楚楚，我们绝对没有机会偷吃的。

摘苹果是母亲亲自做的事情。①高处的，母亲会站在梯子上小心地摘下来，绝不会不小心撞掉一个苹果。不过，母亲每次都会留一个苹果在树上，说是给鸟雀的。

树上是结了好些苹果，可一条巷子好歹也二十几户人家，每家送两个，也留不下几个让我们吃。我们自然也不会空手回来的，我们不过是用苹果一种味儿，换来了很多味儿。

呵呵，人都吃不饱，还给鸟雀留。一棵苹果树让我们吃到了许多味儿。这都是母亲的浪漫啊。

记得那年我要外出求学了，母亲把我和父亲送到村口。我们准备走了，母亲又喊住了我，问："你把啥忘了？"我想了一会儿，没想起什么。母亲从兜里掏出一把钥匙，后面还挂着一个小绒球。②母亲说："把家里大门的钥匙带上，我娃走得再远，都会觉得像在自家屋里一样散祖。"

父亲嘴角一撇，不屑道："凌儿都上大学了还和娃玩呀——我俩还得赶路呢。"

"想家了就看看钥匙，家门就推开了。"我和父亲已经走了老远，母亲还在叮咛。

还别说，想家了，我就掏出钥匙。看着看着，恍惚间就进了家，就来到家里的角角落落，想家的难受劲就被慢慢地稀释了。

我一直觉得，给我钥匙是母亲做的最最浪漫的事。

母亲真是个浪漫的女人。田地分到各家各户了，人家种庄稼，都恨不得越过界种。母亲倒好，地前面种一溜向日葵。只是图了好看——不等熟好，就被路人摘了。在父亲嘟哝不合算时，母亲说了，③咱看了芽儿拱出地面，看了叶子变宽变大，还看了多日的葵花盘。人家就图了个嘴快，还是咱划算。

瞧瞧母亲，算得失都算得如此浪漫！

说实在的，我成长的快乐得益于母亲的浪漫。

我记得四十多年前去赶集的事。八分钱一碗香喷喷的踅面，娃娃们围着吃，大人们乐呵呵地看着，不吃也香。而我的母亲则是将我拉到书摊前，慷慨地给我两毛钱，并嘱咐道，好好看。

母亲信奉"嘴瘾一过就消化了，眼瘾一过就留心里了"。当别的母亲给自己孩子带回来吃的东西时，她给我带回来的多是本子、笔，或者书。四十多年前的关中农村，连吃饭都是问题，母亲却给我订了一本少年阅读的杂志。

④巷子里别的女人不理解我的母亲，说她"不会过日子"，可我知道，是浪漫引领着我的母亲，站在今天里看的却是明天的风景。

我喜欢母亲身上的那股浪漫，我今天之所以喜欢写作，多半是继承了她的浪漫吧。我更想把它作为一种财富，让孩子传承！

母亲更深层的浪漫是贫困岁月里给予孩子的精神食粮——让孩子去阅读，给她买文具、书。

成为像母亲一样浪漫的人，或者将母亲的浪漫当作财富，就是最好的传承。

你让我成为最好的自己

"高""翔"合而为"高翔",从两个"最喜欢"到"超级喜欢",高翔尚未出场,背景已熠熠生辉。

直到今天,我依旧最喜欢一个姓:高;最喜欢一个字:翔;超级喜欢一个词儿:高翔。

抬头,天蓝云白,鸟儿高翔,再没有比这更美的意境了。

回眸,凝视,三十多年前清晰如昨。

记得是个午自习,我们刚升入初三的第二周。正在做作业时,我们突然听见几声响亮的击掌——用脚指头想都知道是老班进教室了。

抬头,果真。

连续响亮击掌是老班训话前的招牌动作,现在想起都会咧开嘴巴笑出声,相当于古时官吏升堂前众衙役用棍棒敲击地面喊"威武——"。却见老班旁边站着一男生:高而瘦,是瘦才显得高,还是高才显得瘦?洁净、整齐到让人觉得失真,我们班那些傻小子呀,裤带耷拉下来当潇洒,拖着鞋走路以为成熟。可是从那目光里,我只看到一个词,冷傲。老班指着他介绍了一句"高翔,从北京转回来的",而后给安排了个座位就离开了。

高翔的出现,从洁净整齐的外貌到冷傲的神情,瞬间吊打了所有男生。

每每下课,我们像终于盼到了放风时间的囚犯,推着搡着冲向教室外面,尽情尽兴似乎又很无聊地蹦着喊着。而高翔,总是静静地坐在靠窗的座位上,看着窗外。阳光透过玻璃刚好落在他的脸上,细碎的阳光也化不开他一脸的沉郁。

课间,高翔的安静与同班男生们的好动,对比鲜明。

马上有好事者就打听出来了:高翔的爸妈都是搞什么研究的,爸爸因为辐射太大,病故了。妈妈要改嫁,只有一个儿子的奶奶硬将高翔从北京带了回来。

高翔的作文总被语文老师当范文。也记得语文老师的评价总是一成不变，什么"语言、思想深度远远超出你们"，什么"那种好是你可以读出可以捕捉到，就是说不出"。

倒是我自己，每每老师读高翔的作文，就闭了眼，游走在高翔的文字里：牵挂着我的衣衫不能快步前行的，是字里行间泛滥着的淡淡的哀伤；羁绊着我的脚步不能匆匆而过的，是排山倒海般席卷而来的无助无奈；偶尔让我的心儿舒展一下的，是间或蹦出的小小的欢喜，小小的欢喜也显得很是寂寞。

老师在读高翔的作文时，文字像一幅幅画面铺展开来。小女生的小心思，深深的欣赏，浅浅的喜欢，具体又真切。

我喜欢用那种方式去感受，我甚至跟着那些文字熟悉了高翔难以割舍的过去。

他的奶奶又来学校看他了，我突然觉得，她真的很像很像老巫婆——将高贵的王子抹去了一切光环后残忍地丢弃在悲苦人间的老巫婆！我开始讨厌起那个佝偻着身子的老人，他原本可以跟着妈妈在北京继续好好生活，而不是在这里。在这里，他连文字中的悲苦也走不出。

"我"满心里是对高翔的怜惜，才导致对高翔奶奶的讨厌。

高翔的各门功课都是无可挑剔的好，好到让我们所有人只能望尘莫及，每一次的总成绩都比第二名高出几十分！第二名是固定的一个男生，他的勤奋几乎可以说"废寝忘食"加"悬梁刺股"了。

我开始写日记，日记里似乎也笼上了一层忧伤，处处都是高翔作文的影子。每晚，在舍友都睡着了时，我点着蜡烛，趴在床上涂写着自己的心情：

看一眼他的背影与侧影，都觉得是一幅很美很美的画；听他回答问题，比老师还标准的普通话很有磁性；他皱一下眉头，也是忧伤的美……

倾情而细腻，"我"的日记简直就是对高翔的连续性拍摄与解读。

一个优秀生对全班女孩的影响。

一个人明媚了一个班，带领全班更多的人一起走向美好。

每一句每一段每一页，都是高翔的点点滴滴。是暗恋吗？可谁有资格去爱他呢？或许，我只是希望自己的名字跟他的名字一起被老师表扬。这个念头都有些贪婪，我只是希望自己也能写出那么美那么好的作文罢了。

如果我没记错的话，我们班的那些大大咧咧的女孩都是在高翔出现后迅速收敛，并开始用功的。

那时，一个班级一个宿舍。在女生宿舍里，每天晚上永恒的话题就是高翔，只是从不说出他的名字。是否与老班每晚在外面查宿舍有关？

"男生穿着花格子衬衫也挺好看的。"准备睡觉了，一个慨叹道，"我还以为花色布只有女娃能穿。"

"他穿啥都好看。"一个接了句。

"算题咋能那快，想都不想答案就出来了，神了！"有人又蹦出了一句。

"只有他才能那么跩那么神！"

记得那时中考，竞争也很是惨烈，一个班七十多学生能考上十几个。八个班里似乎不怎么被看好的我们班，成绩倒出奇地好。用老班的话说："真是奇了怪了，边沿上的好几个女生，都没啥希望，幸运地考上了。"呵呵，是幸运吗？没看见她们为了向某个人看齐铆足劲地你追我赶？

多年后，最铁的姐们芳告诉我，她一直暗恋高翔。说那话时的她已是大律师了，移居到了美国。

一九九八年，闺蜜婷将去英国进行为期三年的学术交流。她羞涩地告诉我，她曾很喜欢高翔，只是害怕自己没资格喜欢他，才拼命地学习。她一直觉得，只有更加努力成为最好的自己，才配喜欢他。

而我，从初三开始发表第一篇习作就再也没有停下来，直到今天，成为各种大刊的签约作家或专栏作家。

回首，天高云淡，而我们，都已高翔。

"高翔"已不是一个名字，而是一种生活的姿态。

三只铃铛

以三个带"玲"的名字来点题,贴近"铃铛"。

我办公的区域有三个保洁员,年龄相仿,三十多不到四十,名儿呢,彩玲、巧玲、园玲。来自不同的地方却都带着"玲",这或许是她们看上去投缘到如亲姐妹的一个原因吧。

以高度概括的语言点明三个人的性格特点,三个人的融洽相处,三个人带给大家的感觉。

说彩玲"不彩",源于她不是那种爱打扮爱炫耀的人,很质朴,圆溜溜的大眼睛似乎总溢满疑问,说起话来天真可爱,率性之至。巧玲呢,连笑容里也荡漾着乖巧灵性,手底下脚底下利利落落,风风火火。园玲也不圆,瘦瘦的,早晚遇见,都是一脸腼腆的笑,笑里尽是友善。她们像三只铃铛。偶尔,彩玲、巧玲会碰撞一下,银铃般,打趣调侃,尽是幽默。那时园玲一定像伴奏,让碰撞更热闹,一种叫"快乐"的因子就此弥散开来。

展现了"我"的性格,也暗含了"我"与"三只铃铛"会很合拍。

对了,我叫亚凌,大胆的孩子们见了我也会开玩笑说"举哑铃了",那就像哑铃那样想象我吧:笨而无声,除非别人推着撬着,否则可以安安静静坐一天。

"需要喝水了就进来。"一天拉开办公室的门,刚好看见巧玲在擦窗台,我就搭了腔。其实在知道她们仨的名字里都带"líng"时,我已自觉地跟她们站在了一起——四个傻铃铛。每次遇见,我们都会打招呼。我是真诚地发出邀请。"我只是临时保洁的,不是正式工,串门子不好。"巧玲有点抱歉又很感激地回了句,"张老师,你人真好,没一点架子。"她继而感慨道。我笑了,哪敢有架子。我服务于孩子们的思想,你服务于孩子们的环境,我们都是促使孩子们干净美好地成长罢了，是一样的。

好啦，不扯了，我说三件事，猜猜哪件事是哪只铃铛的。

一个十三岁的小姑娘，为了继续上学，暑假去外地摘花椒自己挣学费。一个暑假挣了九十五块，学费一百零三，从此辍学了。不怪谁，都怪自家，咱哭着闹着要上，大人砸锅卖铁也会供的。不知道上学的好，没尝过上学的甜，也怨太懂事，就没有要死要活想上学。说起自己的过去，她不悲不忿很是平和。

一个二十岁的姑娘，明明知道嫁出去可以使小性子，更不会看人的眉高眼低。在农村在小城，娶个媳妇进门不亚于娶个祖宗回来供着。心疼父母，理解姐姐，就留在家里招了上门女婿。原本生性善良的她，从此不得不变得更包容更大度。

巾帼不让须眉，结婚后指挥着爱人朝着自己想象中的幸福生活奔跑，如今家里有儿有女，城里有车有房，在小城也算小康之家。

懊悔当初辍学的是巧玲，招了上门女婿的是园玲，指挥爱人打拼的是彩玲。

"三只铃铛"的过去与现在，都是对生活的热爱。

一次，我的手套忘在楼道的窗台上，园玲发现了，第二天给我送来时线头开了的中指已经拾掇在了一起，她的针线活挺细的。一次，离开单位，刚好遇到巧玲下班，跟我说"我捎你一段"，我就坐上了顺风车。一次，学校要求大规模打扫办公室的卫生，彩玲高举带着毛头的加长伸缩杆将我办公室的高处都清理了一遍，嚣张多年的蛛网荡然无存。

作为临时工的"三只铃铛"，在对"我"的照顾上倒像姐妹。

我是用了"一次"，其实我收到的来自她们的美意绝不是一次两次乃至数次能计算清的。人与人之间的善意与温暖，哪能量化？

她们是三只干净清脆的铃铛，独自时感受着自己的风，发以对"三只铃铛"的高度评价结束全文。

出自己的声音，形成自己的风景。相聚时就成了一组乐器，有了动听的旋律，有了美好的故事。干起活来又变成了三只小喜鹊，轻盈又美好地飞来飞去。而我，一直是呆笨的哑铃，就在自己的角落里，欣赏着祝福着。

我可以叫你小妹吗

我是病号，她是保洁员。她清扫完准备离开房间时，我才搭声，说辛苦了，谢谢。我说，是出于习惯，甚至都不曾抬头与她对视。那一刻我正猫着腰趴在病床上写东西。

"那样太难受。"她的声音。

"没事。"我笑了，我向来能将就，趴在墙上都可以，何况是患者身份。

过一会儿，门再次被推开，她端着一个黄色小桌子进来了，直接放在我的病床边。我惊喜地瞪大了眼睛，真是遇见神仙妹妹了，就是那种适合打电脑、写字的小桌子！心里的万分感激还来不及表示，她又转身离开。坐在床上，趴上去，高低不错，很不错，舒服。一会儿她又进来了，一手拎着凳子，一手拿着个棉垫子。

"床有点高，坐在凳子上。天还有点凉，加个垫子，看咋样。"

真的不知该说什么了。直到儿子高中毕业，冬天再冷，我也没为他的凳子准备过坐垫。此刻陌生人的善意已经远远超过了一个母亲的细心。

"我就羡慕文化人。"说罢，她离开了。

脸色蜡黄蜡黄又不修边幅的我，像文化人吗？不管怎样，此后，我得有文化人的样子，做事尽力，待人用心，不可辜负他人的厚爱。

下午，敲门声。她又进来了，端着一碗红豆稀饭。"熬多了，

"我"的态度是出于习惯，她会不会因被漠视而不快？读者心里打了个问号。

萍水相逢，种种行为展现了一颗体恤的心。

像无功而受禄的人，心里忐忑，唯恐辜负，只有努力表现出文化人的样子。

你也喝一碗。"

"简单吃点。"稀饭，炒菜，馒头。

"家常便饭养人，做多了。"凉菜，馒头，稀饭，一枚鸡蛋。

"有闲时间包了点，有病少吃辣子。"饺子，没辣子的汁儿。

我已经吃了她送来的几顿饭，竟然没有丝毫心理负担，因为她的理由是"熬多了""简单吃点""做多了""有闲时间包了点"。关照了人，又让人没有一丁点添了麻烦的歉疚，被关照者便心安理得来享受。就像，沐浴在阳光下，行走在春风里，漫步在花丛间，我们都不曾深情地感恩太阳、春风与花朵。莫非博大的爱，都是单向流淌的？

在时断时续的交流中我才知道，她打两份工，家里经济也不宽裕。孩子从小身体极不好，快四岁才会走路说话，二十出头才接近正常的孩子，只是接近，自然谈不上学业与生活能力。

在她轻描淡写的三言两语里，我勾勒出一个身板单薄的女人焦头烂额地在城市夹缝讨生活的情形：

像从山里冲出误入城市的一头小牛犊，胆战心惊地适应红绿灯斑马线，手足无措地应对滔滔人流滚滚车流，自行车上载满报纸牛奶一路推着不敢骑行，车子倒了扶不起来更赔不起被摔碎的一地牛奶……从自行车到电动车到三轮车，从推着都战战兢兢到像小鱼般在汪洋大海里自由穿梭，从打一份工都应对艰难到打两三份还得照顾病儿……手忙脚乱地应对种种日复一日或突如其来的事情，心里牢记着自己得负重也必须能负重。

"我很满足，我娃现在跟正常的娃差不多了。"正在干活的她停了下来，挂着拖把，一脸欣慰。

是心疼吧，脱口而出，咋不生个二胎？得到的回答是："怕分散精力，照顾不好这个。"

被以种种借口种种照顾，只为让"我"心安。心里溢满爱的人，一定很幸福吧？

134

后来更熟悉了，知道她有个脾气不好的爱人，她受累受气还可能遭受肢体冲撞。已经很辛苦还将更辛苦的她，却想着爱人的不易，一切都能忍受也都能原谅。爱人是七岁时跟着母亲从山东辗转来到陕西，有时也会说起儿时在山东的点滴记忆。她劝爱人回山东老家看看，爱人说家里经济不好，那边人又多，回去一趟得花不少钱。她竟说一万够不，咱少花点，少用点，就出来了。

瘦弱的她，心该有多大？这已不是木瓜与琼琚了，而是别人抽她以荆棘，她倒送以鲜花。

我不知道她何以站在劳累的暴风眼却没有人仰马翻，只知道她喜欢音乐，会识谱，初中时曾在市里中学生歌曲大赛中获得第二名。她说会唱歌真好，伤心了，受不了了，唱唱歌就都过去了。

她的未来目标清晰，尽可能多地照顾孩子，看着他能自己生活。我直言问及她自己的养老，她说西安这么大，只要能下苦，就有一碗饭吃，饿不着人。她看上去很乐观。

她开玩笑说，年轻时跑到城市里找自由，结果找了根缰绳，把自个儿拴住了——她已经给孩子在西安买了套住房，按揭的。

她比我小一岁，眼睛比我清澈得多，笑容比我灿烂得多，心里比我柔软得多，即便挺立在苦水中也散发着芬芳。

我喊她一声"小妹"，竟有种沾光的感觉。

偏爱是可以继承的

一九九一年我在渭南师专就读，图书馆有明文规定，每次借书不能超过三本，可能是怕学生们因贪多而囫囵吞枣吧。

透过小小的借阅窗口，可以看到里面一排排高大的书架，颇为壮观。偌大的图书馆，有时可以看到两三个工作人员，只是每次帮学生们取书的都是同一个人。

一句话就将一个人放在了另外两个人的对立面，醒目，独特。

她那时有二十多岁吧，比我大不了几岁，走路时身子有点摇摆，腿脚有些不方便。大而厚的眼镜片，看起来视力很不好，似乎有眼疾，是那种看得出的明晃晃的不好看。表情很少有变化，不苟言笑。

那时的我也是个小可怜。

黑，矮，胖，右眼失明，是"我"的外貌描写，语气看似调侃，实则尽是自卑。

肤色黑我不在乎，用我妈的话说，黑就黑，是本色，风吹日晒不褪色；个子矮，矮无所谓，秤砣虽小压千斤，浓缩的才是精华；胖也没事，身体好，遇事能扛住，两天不吃都倒不下去。只是，因儿时的一场疾病，右眼彻底休息了。不"工作"也就罢了，还留下了难看的印记，白蒙蒙的一层，这才是让我最自卑的。

求学生涯中，我一直是沉默的，不被人注意就不被人议论，也就不被人歧视。除了上课，连同周末，不是待在阅览室就是带着从图书馆借来的书，在学校后面的南塬上读一天。借书时，看到她倾斜着身子，踮着脚尖，很不方便地从高高的书架上取书就很心疼，我恐怕是麻烦她最多的学生吧。每次借五六本，她从未对我说过一次"最多只能借三本"的话，从来没有。倒是听她说过别人。

我们几乎没有说过一句话。她只是接过借阅卡时抬头看一眼我，是看照片与眼前的人是否一致。她看我时，我是一脸怯怯地讨好的笑，轻声说"麻烦了"。

倘若借的书在书架最上层，她就需要搬来凳子，扶着书架小心踩上去，取下来，很辛苦。以至于后来每每确定了要借的书，我会想：在书架的哪一层，需要她踩凳子吗？有好多次我都想说，放我进来吧，我帮你利索地取书。话就在喉咙口，就在嘴边，可终究没说出来。只是每次接过她递出来的书，我会很抱歉地连声说"谢谢"。

连自己的想法也不曾说出，感恩化作连声谢谢，一个内向又自卑的女孩跃然纸上。

每次抱着五六本书从图书馆出来，都有种被人高看了几眼的错觉。抱着书，满脸得意，昂首阔步，脸庞似乎聚拢了世界上所有的阳光。看我抱出那么多的书，别人的目光是看得见的羡慕。或许因了她的偏爱吧，我读起书来越发认真，大学毕业时一箱子读书笔记就是证明。

她是光源，照亮了"我"的世界，让"我"更加努力。

我们似乎有过两次交流，都是她主动，只一句。而不善言辞的我，有些受宠若惊，只会以"嗯"作答。

"爱看书好。"

"注意眼睛。"

我一直记着她对我说过的这两句话，轻轻的，好像是不经意间从她的唇边滑出，飘至我的耳畔。

"注意眼睛。"是一个大瓶底对一个小瓶底的叮嘱，是眼睛都不明亮的人发自内心的疼惜。或许她在借阅数量上对我的例外，就源于我值得同情的外在吧。透过窗口，她看到我，再看看我罗列出的那些书目，在心里说：这小妹妹，长成那样了，幸好爱看书，看吧，看书会忘了很多。她就省去了例行公务的

唯一的对话，暗示默默地关注与支持。

那句"不超过三本"，我选几本她就帮我找几本，满足我。

　　说真的，我的贪婪第一次畅通无阻，就是在她那里。遗憾的是，直到大学毕业，我都不知道她的名字。只是，她似乎一直跟着我，带着她的偏爱跟着我，以至于我也有点像她了，对孩子们有了偏爱。

　　遇到班里有爱读书的孩子，我就带自己的书借给他看；遇到喜欢写作文的，我就喊他过来一起仔细地修改；遇到喜欢画漫画的，我就创造机会让他展示；遇到家里特别贫困的，我就掏出自己不丰满的钱包来。面对孩子们，我常常想起她，想起她就只有一个念头：你若爱，我就给你更多！

　　就这样，我成了对孩子们有偏爱的老师，幸运的是我也成了被孩子们偏爱的老师。

面对美好的人，最圆满的结局就是："我"终于活成了你的样子。

阅读与练笔（四）

阅读理解

《为我涂上生命底色的人》

1.下列对文章的理解与分析不正确的一项是（   ）

A "像祖母院子里养的花花草草一样，我欢实地伸胳膊蹬腿舒舒坦坦地长到了五岁。"以"比喻"写出了"我"成长的自由与快乐。

B "缓慢而温暖"地成长，不失为成长的最佳姿态。

C "是不是因了儿时这一段经历，我才视风雨霜雪为朋友？"这句话揭示了"我"能坚决与风雨对抗的精神。

D 最后一段写出了老师对"我"的巨大影响，让"我"学会了抬头追逐太阳。

2.第二段画虚线的句子好在哪里，有什么作用？

"像祖母院里养的花花草草一样，我欢实地伸胳膊蹬腿舒舒坦坦地长到了五岁。"

3.如何理解"小时候受点伤，长大了就是疤"？

139

4. 记叙成长中最触动你的一幕，150 字到 200 字。

《浪漫的母亲》

1. 从文中画虚线的句子里任选一句进行赏析。

2. 阅读全文，如何理解母亲的浪漫？又是如何表现母亲的浪漫？

3. 写出发生在你家的浪漫的事，不少于 150 个字。

《你让我成为最好的自己》

1. 题目"你让我成为最好的自己"中，"你"是指什么？

2. 高翔是一个怎样的男生？请结合文章内容概括。

3.作品后面写"最铁的姐们芳""闺蜜婷"以及"我"现在的发展状况有什么作用？请简要分析。

邀你试笔

1.一次旅游，一次社会活动，一次研学⋯⋯虽然不及同校同班同学时间长久，却也会留下美好的记忆。

请以"在一起的日子"为题进行作文。

要求：①写出真实的感受，独特的发现，言之有物，避免空洞抒情；②不少于600字。

2.从儿时到年少，春夏秋冬风风雨雨，遇到了很多人，经历了很多事，走过了很多路，观过了很多景，感触不少，感慨很多。那些曾温暖你照亮你陪伴你的人，总让你难以忘却，甚至在时间的发酵里更让你疼惜珍爱。

请以"有你陪伴，真好"为题，写一篇不少于600字的文章。

要求：①抒真情写真意，远离空洞的无病呻吟；②文体自选，诗歌除外。

3.生活中，会遇到形形色色的人，一生一世或许只见一面，却留下了很深的印象，时常在记忆中萦绕。

以"我还记得陌生的你"为题进行作文。

要求：①人物形象突出，感情饱满；②600字以上。

"阅读理解"参考答案

《为我涂上生命底色的人》

1.C 是错的，不是"坚决与风雨对抗"。

2.借助比喻，形象而柔情地描绘出"我"成长过程中的惬意与快乐。与后文父亲让"我"上学的话一出，带来的感觉"仿佛刮过一阵可恶的风，满心的欢快瞬间凋零"，形成对比。

3.这句话出自老师，表现的是儿时对一个孩子的成长至关重要，更是对题目"为我涂上生命底色的人"的具体诠释：老师正是因为这个原因对孩子们倍加呵护，也为"我"涂上了最美的生命底色。

4.自圆其说即可。注意描绘性记叙，场景再现，感情融入。

《浪漫的母亲》

1.第①句："绝不会不小心撞掉一个苹果"与"都会留一个苹果在树上，说是给鸟雀的"形成对比，表现了物质贫乏年代母亲对生灵的悲悯，心里的大爱。

第②句：家门钥匙锁住的是整个庭院，带着家门钥匙如同家人们一直陪伴在身边，孩子就不会孤独。这一举动展示了母亲骨子里的诗意与浪漫。

第③句：没有吃到自己种的向日葵，母亲说得像沾了大光。这种对得失的淡然表现了母亲的浪漫。

第④句："别的女人"与"我"的认知形成对比，揭示了浪漫品质的巨大影响：在窘迫的当下看到可期的未来。

2."浪漫"既是全文的线索,又是母亲的精神品质。以"父亲""人家""别的母亲"的言行反衬母亲的浪漫。

3.字数要够,展示浪漫即可。

《你让我成为最好的自己》

1."你"既指"我"的同学高翔,也指令人向往的优秀美好的人、事、物,或这种优秀美好的标准。

2.遭遇家庭变故,父亲病故,母亲改嫁,奶奶硬将他从北京接回。他各方面优秀美好,高瘦沉静,穿着整洁,各科成绩遥遥领先,文章思想有深度,发音标准有磁性。

3.(1)照应题目。因为高翔,三个女孩如今都已"成为最好的自己",这照应前文中高翔的出现使一些女生"迅速收敛""开始用功"。(2)烘托人物形象,从"芳""婷"坦承少时心事,再次印证和凸显高翔的优秀及对大家的促进作用。(3)突出作品主题,与优秀美好的人物同行,会受到其"潜在的积极影响",自己也会加倍奋发努力。

第五章

往事再现

一九七〇年的记忆

在收到舅舅的来信得知外婆要来看我们的消息，母亲表现得很是奇怪，奇怪得让我有点害怕。

她一会儿紧紧地搂着弟弟，蹭着他的脸蛋儿，满脸是笑："柱子，我娘要看我了，你外婆要来看你了。真的，真的要来了，马上就来了。"一会儿又松开弟弟，用手背抹着泪花花，顾自唠叨："咋办呀？这日子过的，都是窟窿眼，遮不住的丑！咋办呀……"

母亲一会儿笑，一会儿哭，脸上挂着泪，看起来却像笑，真是滑稽。我从来没见过母亲那副表情，遇事她一直很镇定的。记得一次我从沟边摔下去折了腿，被别人背回了家。母亲非但没有表现出一点惊慌，反倒戳着我的额头骂道："沟能走还是能跑？自家走路不看，活该。"只是外婆要来，她至于吓成那样？

看着母亲那表情，我想笑，却笑不出来。弟弟干脆咧开嘴巴大哭起来。我赶忙搂着弟弟哄他："外婆来了，咱们就能吃到好东西了，就不饿了……"弟弟啃着手指头，哭声才渐渐小了下来。

母亲在院子里转着圈，似乎看啥都不顺眼，嘴里嘀咕着"这烂屋子，这烂屋子"。一向总忙于活计的母亲，好像一下子对干啥都没了兴趣，只是焦躁地转着圈儿，晃得我眼花。父亲刚一进门，一向很镇定的母亲突然像疯了般呜呜地哭了起来，边哭边嘟哝："我娘要来了，咋办哩，我娘要来了……"

好像外婆要来看她就像天要塌下来一样可怕。父亲扶着母亲的肩说："怕了就不来了？别怕，有我哩，我给咱想办法。"

我们就开始为了迎接外婆而准备。像过年般，每个房子及院子里的各个角落都打扫得干干净净。母亲打发我拿着洋瓷碗出去借麦面，我兴奋得能跳起来——

那时，很多人家吃的主要是红薯，早晨红薯块熬稀饭，中午红薯面条，下午红薯馍馍就着炒红薯丝。红薯吃得人一开口，就是一股红薯的酸味儿，连放的屁也是酸酸的红薯屁！我家虽不至于此，也多是杂粮。只有来了金贵的客人或是过年，才吃得上白白的麦面。

我拿着洋瓷碗，雪花婶家、二狗家、杏花姨家，从各家借了一碗面。捧着那盛着面粉的碗，<u>我的手一直在打战：外婆来真好啊，外婆来就可以吃上过年才能吃到的麦面了！我皱着鼻子闻，也没闻出面粉的香甜味儿。</u>

<u>唉，要是变成一只洋瓷碗，多好。</u>

<u>父亲还借了天柱叔家的大桌子、顺锁伯家的大立柜摆在我们家，我们家一下子就变得很阔气。</u>外婆来真好，家里整个都变了。那会儿，我只有一个想法，外婆来了就不要走了，我们天天都可以吃麦面，爬大桌子摸大立柜了。

<u>父亲借了生产队的牛，驾着车，我们穿戴得整整齐齐就像过年，去十里外的镇上接外婆。</u>

记得外婆来的第一顿饭，母亲做得很费心：

一碟豆腐拌小葱，一碟炒洋芋丝，一碟炒青辣子，一碟凉拌红萝卜丝，一碟凉拌白萝卜丝，一碟凉拌红白萝卜丝，白萝卜叶在开水一焯又是一碟凉菜，中间是一碟炒鸡蛋，饭桌上一下子就摆了八个碟子。

那天母亲擀的是面条。面条很薄很薄，挑在筷子上真的可

"我"从各家借面，激动到手一直在打战。大人的恐惧之所以变成小孩的欢喜源于生活太艰苦了，这一心理反差读之令人心酸。

一家人为了迎接外婆的到来，四处借东西，伪装出幸福富足的模样给外婆看。远嫁的女儿总是想把自己的幸福摆在明面上给最亲的人看，让他们放心。

147

以看见蓝天白云。绿绿的菜叶儿添在锅里，看着都好吃。

母亲先给外婆舀了一碗，是稠的。我们的呢，面条少汤水多。

"咋给娃娃舀了那点？"外婆问。

"天天都吃，不爱吃，吃不完就糟蹋了。"母亲说时瞪了我们一眼。可弟弟说"不是——"，我赶紧狠狠地踩了一下他的脚，他直接大哭起来。我笑着给外婆解释，我把弟弟撞了一下，他就疼得胡喊乱叫。

晚上，外婆跟我母亲坐在炕上闲聊，我在写作业。一转头，看见弟弟竟然用小刀在桌子上划道道，我一巴掌扇过去，喊了声"把桌子弄坏了咋给人家还"。而后，我捂住了自己的嘴巴，紧张地看着母亲。

屋子里只有弟弟的哭声。

外婆看着我母亲，我母亲很尴尬地笑着，就像外婆要来前的神情一样，分不清是哭还是笑。

"还有啥是借的？"外婆说。

母亲说："咋会是借的？自家的。甭听娃胡说。"

"还有啥？"外婆又问。

母亲不吭声了。弟弟也不哭了，跑到立柜边说："这个。"

"那咱就一个土炕啊。得，至少有地方睡觉。"外婆拍着炕，脸上好像是笑，好像又不是。"这就是我女子家，我女子就在这样的屋里过日子。当妈的，都不晓得自家娃过的是啥日子……"

外婆唠叨时，母亲哭了。母亲哭着拉着外婆的胳膊："娘，没事，我的日子能过好，就是怕你操心才……"

外婆走后，我才知道，外婆当初不愿意母亲随父亲远嫁合阳，一气之下断绝了母女关系。加之母亲来到合阳后，日子过得捉襟见肘，就没敢主动联系外婆。

母女连心，任凭母亲伪装得再完美，外婆都能看出破绽。母亲怕外婆为自己担心，外婆自责没能早一点知道母亲的处境。这世间母爱伟大、无私。

多年后。

母亲说要来城里看我。住在出租屋恨不得把一块钱掰成几份去花的我，很奢侈地买了一台风扇，买了好些蔬菜水果：我不能因为工作不稳定就让母亲担心，我得让我的母亲觉得自己闺女过得还不错！

那一刻，我的记忆又回到了一九七〇年……

爱是一场又一场的轮回和接力，每一代人都是如此，上演着一幕又一幕的戏码，只是换了主演，不换的永远是那份沉沉的母爱。

我的后院，我的童年

开门见山，直抒胸臆地表达自己对后院的喜欢。

相对于干干净净只有一棵树的前院，我更喜欢后院。

后院是姥姥的地盘，她麾下一头猪，两只羊，一群鸡。只有家里来了害怕狗的客人，那条看起来凶巴巴的大狗才会出现在后院。即便暂时被驱赶到后院，狗也不藏着掖着自己的尊贵，对后院的土著们不理不睬。除非实在无聊透了，就策划并开演"狗跳鸡飞羊叫"的情景剧。狗的游戏向来与猪无关。好像狗也有自己的原则，即便再堕落也不会与猪为伍。

姥姥在后院种了很多菜，也种下了我的好奇与快乐。

挖出种子看发芽没，拔出苗儿比一下长短，掐下花儿玩，摘了果子尝，以至于姥姥常拍打着我的小手训斥："这东西比鸡爪子还贱啊。"

翻种子、拔秧苗、尝辣椒、摘黄瓜花，都是"我"在好奇心的驱使下收获的快乐，充满了童真与童趣。

瞧她，说的啥话？鸡哪有好奇心，能跟我比？我不怕累不嫌脏地将种子从土里翻出来就是替她操心，看发芽了没。挖出来再埋进去，反反复复，不也挺烦人的？我把秧苗拔出来，比完长短又将它们重新栽好，又不是不管。我把辣椒从指甲盖那么大直尝到比手指还长，才知道它们是慢慢变辣的。黄瓜的花，戴在头上实在好看，女娃娃不爱美不就成了野小子？姥姥就知道吃，咋会想到这些有趣的事？还说我是"小害人精"，顶得上一窝地老鼠。

哪里是手贱，哪里是害人精，分明是满满的好奇在心里挠痒痒。

150

姥姥在后院种的菜，不怕猪拱，猪在圈里出不来。多年后才知道姥姥辛辛苦苦养了多少年，养出的都是蠢猪，不像人家王小波那头，特立独行。也不怕羊踩，羊从家里到地里，不是用橛子扎在地上就是用绳子绑在树上。羊的活动范围一直是个挣不开的圈，好像也没见它们耍性子闹腾过。更不怕鸡啄，轻佻的鸡就没耐心把种子扒拉出来吃掉。

单单怕我。

只要我在菜地边一站，秧苗们就都晃动起来，缩头缩脑，想逃离我的好奇，怕我探个究竟。

后院除了菜地，还一直酝酿着我努力制造的热闹。

我费尽九牛二虎之力逮住的鸡，丢进猪圈或者摁在羊身上，我想看鸡跟猪打架，想看鸡跟羊干仗，我创造了很多条件，一场也没发生。鸡总会大叫着像受了很大委屈般很快飞离，怕惹上祸端，已经成功逃离了还惊魂未定地叫上半天才能平息。就像做了坏事的我，不等姥姥举手，就大喊大叫蹦着跳着逃走了。是不是弱小者都懂得以溜来自保的道理？

我抱起比猫大不了多少的小狗丢进猪圈里，小狗倒狗视眈眈，汪汪地叫着，向前冲。那头庞然大物则越缩越里，直至退无可退的墙角。再小的狗都不怕大个的猪。厉害不厉害与形体大小无关，秤砣虽小压千斤，白杨树挺得那么高还不是任由鸟儿在枝丫胡作非为？

家里能跳会蹦爱转圈的，对我都很友善。我扯狗的耳朵，抓羊的尾巴，它们都不闹情绪。只是有次突发奇想，把猪赶出猪圈，泼了几盆水给它冲洗了一下，骑猪玩，被撂倒了。蠢猪嘛，咋知道我是它的小主人？看来跟聪明的打交道容易，防不胜防的是笨蛋——不知道啥时候就把你撂倒了。

把"我"和猪、羊、鸡做对比，用幽默的语言和拟人的手法写出了由于"我"的好奇给秧苗带来的"恐惧"。读来让人忍俊不禁。

真是个调皮又可爱的小孩子。让鸡跟猪、羊打架，让狗吓唬猪，自己骑猪玩，这些极具画面感的描述，让人读后有种身临其境之感。

除了小屁股被疯癫的蠢猪差点摔成两半，我很努力了还是没有让热闹像烟花般在后院绽放。看来需要配合才能完成的总有太大的难度，剃头挑子一头热是不会有好结果的。

无法点燃热闹，就适应安静吧。

躺在后院的麦秸堆上是不错的选择。只是麦秸堆很光滑，爬上去不容易，得溜下来好几次才能爬到顶。

坐着俯视，飘飘然，感觉自己立马成了后院的老大。也曾在兜里装了些小石子，对着猪，对着羊，对着鸡，扔过去，从来没有瞄准过。

躺着，看到最多的是云朵。看着看着，那云朵似乎成了五彩祥云，到了我的脚下。那时与云有关的只看过《大闹天宫》《三打白骨精》，孙悟空动辄踩云而来驾云而去。在想象中，我已经会腾云驾雾来去自如，几乎成仙。

有想象就要落实。辛辛苦苦逮住一只鸡，抱着鸡辛辛苦苦爬上麦秸堆，站立着高高举起手臂，放飞。想象着把它抱上这么高的地儿，应该也会像燕子般飞起来吧。事实是，不争气的鸡一脱手就扑棱着翅膀直接落下去。鸡的事件让年幼的我明白：翅膀不够厉害自己飞不起来，举得再高都是白费蜡，搞不好还会被摔死。

偶尔也会飞过一只燕子，也是老高老高。麻雀是懒家伙，也经常落在麦秸堆上，我挥着手想吓走它，那家伙更像家养的，不怕人，只是从这里蹦跳到那里。我也拿它没办法。它顶讨厌了，每次晒粮食，我的任务就是驱赶它。燕子、喜鹊，我所知道的好看的鸟儿，从不落麦秸堆上，至少我没看见过，它们会不会连落个脚都很讲究？

一次站在麦秸堆上双手叉腰俯视后院，竟心生无趣之感：

哼哼唧唧的猪懂啥，只会低头找虫子吃的鸡懂啥，只会吃草转圈的羊懂啥，我呢，又懂啥？要是不好好学点本事长点能耐，跟它们有啥区别？我似乎该好好上课好好做作业了。

我走出了后院，我的童年也画上了句号。连姥姥都说，我变了个人。

在落实想象的过程中，"我"明白了许多道理，逐渐变得成熟懂事。走出了后院，告别了童年。

153

那些年，我用过的本子和笔

二十世纪七十年代上学的人都知道本子跟笔的金贵。

我是个刻苦用功的孩子，本子自然用得快，看着自己一页页做过的功课心情很澎湃，想到又得向大人要钱买本子又很沮丧。心情像过山车，时而欣喜时而忐忑，都是懂事惹的祸。

在我用过的本子里，印象最深的是用报纸做的本子。不知母亲从哪里找来一些报纸，裁成本子大小，用针线纳在一起，厚厚的几沓，给我当练习本。

当我把它取出放上课桌时，先是同桌一声惊叫，而后就围了好些人。毫不夸张地说，有同学还没摸过报纸呢。我得意地给他们说，这是报纸做的本子，没见过吧。那个本子虽然只能做练习本，却真的是物尽其用：铅笔写第一遍，圆珠笔写第二遍，钢笔写第三遍，最后还练了毛笔字，还是正反面都用。

与那个本子相伴的日子，我骄傲得一蹦一跳，走路都没踩实过。这个特殊的本子之所以在我的记忆里晃来晃去，是因为那时候拥有一张报纸都是很稀罕的。它是我们班第一个也是唯一一个，再没有人拥有过报纸做的本子。

我拥有过最自豪的"报纸本"，也忘不了最丢人的"作业本"。我管叫它"作业本"，是因为它是从别人的作业本里"变"出来的本子。

我到亲戚家，亲戚家的孩子把我带到她爸工作的学校，正值周末。她知道我爱学习，突发奇想，问我，给你造个本子出来，

一声"惊叫"，一个"得意"，写出了在物资匮乏的年代，把报纸做成本子是多么奢侈的事情。"我"把本子物尽其用，也显示出"我"的勤奋好学，以及对本子的无比珍惜。

"一蹦一跳""都没踩实过"，将"我"拥有报纸做的本子时的那份自豪与骄傲表现得淋漓尽致。

154

咋样？

造本子？天方夜谭啊，那得造纸厂才做得出来。

她说爸爸桌子上那么多作业本，每本揭下来一页，再装订起来，不就是个新本子？我当时真的没考虑这种事对不对，只关心人家孩子会不会发现。她说不会，从后面，轻轻启开订书针，揭下一页纸，再摁下订书针就行。

主意不错，白给本子谁不要？我们就行动起来，到了一半，才觉得不妥，心里不踏实了，说我不想要了，被人家孩子发现就糟了。那时我想的，也是被发现后的不好，倒不是自觉而深刻地意识到这件事本身是错误的。已经揭下来了的就订了一个本子，始终没有带到学校。

本子如此艰难，笔呢？

最早使用的笔自然是铅笔。记得开始时不大会削，快削好时就断了，很是心疼，只想剁了自己的笨手。铅笔用到手指都握不住了也舍不得扔掉，就发明了一种方法：弄来一小段竹竿，将前面轻轻分开，把铅笔头塞进去，再绑牢固，就可以继续写。需要一截一截往出拔着用，直至真的无法使用。贫穷而智慧的日子，总能做到物尽其用。

小树枝也曾是我的笔。为了节约本子，我喜欢在地上写写画画。只是树枝划出的字看不明显，没多少成就感，写再多，也刺激不了我。孩子的小心思，想让别人看到并肯定自己，甚至羡慕自己的努力。

我的第一支圆珠笔是得到的奖品，骄傲得放了大半年就是舍不得用。我的第一支钢笔是哥哥用过的，已经换过两次钢笔尖。对了，我还拥有过一支奇特的"笔"。

那时我家唯一的电器就是手电筒。一次，母亲让我去扔掉

虽不知道拆取别人作业本的行为是错误的，可也知道被发现后会令人难堪。"始终没有带到学校去"是"我"的心底强烈的道德感对"恶"的极力抗争。

多么聪明的孩子啊！在贫困中，用智慧克服困难。

软得不能用了的电池。是闲得手痒痒没事找事吧，就砸电池，发现了里面有根黑黑的棒棒。嘿——在地上一划拉，留下一条墨迹。这不是"黑粉笔"吗？那一刻，我很是兴奋，恨不得蹦起来告诉全世界的人，我拥有了一支完整的黑色粉笔。

只要蹲下去，就是满地的纸，一下子解决了两个大问题。老师让背诵啥，我就在地上抄着，读着，背诵得特别快。到了大复习时，我就在操场上写着背着。想想吧，我站起来，一看，一大片黑黑的笔迹，都是我写的，多有成就感。也有很多孩子围观，羡慕我的黑粉笔，也评论我的字。经常在地上写，我的字是越写越好看。就是那碳棒，我整个小学阶段都没用完。

一下子唠叨了这么多，突然觉得有点对不起眼前的电脑了：它替代了我的笔与本子，我又何曾像过去疼惜本子与笔那样珍爱它？

那些不曾被辜负的"年"

也不知是从什么时候开始，缺少了仪式感的"年"开始被轻慢，被辜负……没了过年的喜庆与快乐，多了"度日如年"的负重与不堪。

——题记

儿时的记忆里，离过年还有好几天，家家户户的院子里就扬起了欢快的尘土。

前院，每间房子、每个角落都要仔仔细细地清扫。大人们登上梯子，屋顶的棚子也不会放过，都要轻轻拂去积尘；小孩们手拿抹布，每个窗台，每根窗棂都会细细擦拭；<u>老人们剪刀一旋一转，大红的喜庆的飞禽走兽就跃上了窗。</u>

后院，也变得重要了。往日里凌乱的柴火堆，会被欢喜的手码得整整齐齐；低矮的杂物间，也被打理得整洁而有序；平日里闲散惯了的羊，行动也受到了约束，被赶进了圈里。

清扫完卫生，我心里膨胀着满满的成就感，学着大人，背起手，阔步走在院子里，有种检阅的感觉。或许就是那会儿，年味儿趁机溜进了每家庭院，开始悄悄地发酵、膨胀，单单等某个时刻灿如烟花般炸开。

那几天，再小的孩子眼里都有干不完的活，不用催不用喊，脚下跑得生欢。好像他们越勤快，年就来得越快。

我一直有种很奇怪的感觉：<u>是院子先过年，才轮到我们过</u>

"一旋一转"和"跃"，写出了老人们剪纸技艺的高超，剪得飞禽走兽活灵活现，栩栩如生，也表达出"我"内心的快乐雀跃。

"溜进""发酵""膨胀""炸开"这几个词语层层递进，逐渐把年味渲染得越来越浓郁。

院子在大家的努力下焕然一新，旧貌换新颜，感觉就像过了一个年。

年的。

一两天后，忙活的就是女人了。

女人们得准备过年的吃食，贫穷中却要过出喜庆的年，她们的智慧就发挥到了极致。只有一样红薯，却可以变出多种花样：单独吃的甜甜的红薯丸子，衬菜碗的油炸红薯块，果盘里的红薯条、烤红薯片……油锅支起来了，不用皱鼻子都闻到了年的香甜味儿。小馋猫们围着锅台，不怕油溅，不怕熬眼，单单等着尝个鲜。

我很喜欢陪着哥哥去沟里砍柏树枝。

那沟在七八里外，我们会带上吃的喝的，用一天的时间一路拖回来几枝柏树枝。借口砍柏树枝，尽情尽兴地疯玩一天，回来后个个都成了土猴子。听奶奶说，有种叫"年"的怪物，大年初一点燃柏树枝，就把它熏得不敢来捣乱了。柏树枝的清香味我倒蛮喜欢的。

我的母亲总是在除夕的后半夜煮肉。肉很少，二三斤吧，没必要动厨房里的大铁锅，就在通着炕的火炉上煮。

我趴在炕沿上，眼睛死死地盯着火炉上的那口锅。热气出来了，水翻滚起来了，"咕咚，咕咚"的声音比任何话语都有魅力。我就瞅着那口锅，似乎一眼没盯住它就会飞走似的。

肉香味儿跟着飘出来了，我贪婪地皱着鼻子使劲地吸。想想吧，美美地吸一气，而后张开嘴巴很陶醉地"啊——"，反反复复，宛如大口大口地吃肉般。好像是一个晚上都在煮肉，明明已经熟了，母亲就是不揭锅盖，说着"肉烂自香"之类的话语。肉呢，离我近在咫尺，又远在天涯。

我擦着口水很无望地钻进了母亲早已铺好暖热乎的被子里，枕边就是叠得整整齐齐的新衣服。摸着新衣服，闻着肉香，我就

女人们的智慧让原本单调的吃食变得丰富，让年味变得香甜。

"死死地盯着""贪婪地皱着鼻子""美美地吸一口气"，将肉对"我"的诱惑描述得淋漓尽致，也刻画出了一个贪嘴可爱的小孩形象。

158

不停地问母亲，肉啥时熟？天啥时亮？母亲就笑着说，肉会熟的，天会亮的，得有耐心等呀。

已经钻进被窝里了，手摩挲着新衣服，却怎么也睡不着了。越躺反倒越激动，越激动越想说话，越说话越清醒。母亲看着我们躺着又睡不着，就开始叮咛：

人家放炮时离远点，不要让火星子溅到衣服上；要疼惜衣服不要到处乱坐，衣服得穿过正月十五；到别人家不要贪嘴，干活实诚吃东西不能太实诚……

母亲的叮咛一句赶不得一句，而我心里装满了大大的欢喜，哪容得下那些琐琐碎碎的叮咛？

我总觉得大年初一的天绝不是自己亮起来的，是被孩子们欢喜的鞭炮吵醒的，是被熊熊燃烧的柏树枝照亮的。或者是几天前溜进来的年味儿，终于藏不住满心欢喜了，把持不住自己了，"轰"的一下把自己炸裂了，照亮了天。

一起床，先是到处跑着捡拾没响的散落的炮儿，母亲的叮咛早被密集的鞭炮声震得七零八落，衣服上尽是日后让母亲恼火的窟窿眼儿。也才不去理会冷不冷，呼朋引伴凑了一堆，东家西家挨家挨户进，主人见了孩子就塞点东西。一圈转下来，棋子豆、花生、红薯条、玉米花儿……兜里就鼓鼓的。而后欢呼雀跃，去麦场斗鸡的，跑到镇上看热闹的，在墙角挤堆晒暖暖的。到了晚上，灰头土脸却尽是欢喜，大人们的叮咛早已忘得一干二净。

这种欢快会持续到正月十五，真的是集中了一年的快乐！

多年后的今天，在每一个冷冷静静的年里，忆起儿时的过年，我就被浓浓的年味儿幸幸福福地淹没了。

好在，我还有回忆来温暖。

"摸着新衣服，闻着肉香"激动得难以入眠，满心都期盼着过新年、穿新衣、吃肉，把一个孩子对新年的期盼描写得逼真形象。

鞭炮声、燃烧的柏树枝、吃美味的零食、去麦场斗鸡、跑到镇上看热闹、挤堆晒暖暖这些才是过年的标配，让年过得有声有色，有味有情，这才是年该有的样子。

逃学记

触景生情，由眼前的一幕联想到儿时的自己。

上幼儿园的第二天，拉着女儿要送她去幼儿园。对，是——拉，我在前面使劲拽，她撅着屁股拼命往后拖。可能是第一天的不良影响，让她对去幼儿园有了强烈的抵触情绪，满脸惊恐伴着歇斯底里的哭喊。瞧着她那副模样，我笑了，松开了手，想起了自己儿时逃学的情形。

那时，母亲在村里小学教数学，幼儿园就在距离小学不远处的大队部里。在幼儿园的第一天，哭着闹着也没人送我回家——幼儿园里到处都是哭着闹着的小孩子。老师们一点都不像家里人，不会因为我稍微的一点不适而露出惊恐。兴许老师们想的是，每个娃娃来幼儿园都得大哭几天才会安宁下来。

小孩子心思单纯，想回家的念头让"我"滋生出勇敢和无畏。

哭累了，想上厕所了，厕所在大队部的西南角。刚蹲下，就瞧见一个缺口，忘了尿急拎起裤子就跑了过去。也不知道那一刻小贼胆有多大，竟然敢试探着钻，竟然直接就过去了——掉了下去，外边是村里的大池塘。

是池塘边洗衣服的人惊恐万分地将不知吓晕还是摔晕的我拉出池塘并抱回幼儿园。惊魂未定的我听见了她对着幼儿园老师嚷嚷"天哪——赶紧看看，还有哪些地方不安全"。就是那一天，厕所的那个缺口被堵住了。

那天母亲接我回到家，说给姥姥听，吓得姥姥拉过我上下瞅，看受伤没。母亲却用手指戳着我的小脑门骂我"贼胆大"。第二天一大早我就赖在姥姥怀里，母亲好说歹说我就是死活不上学。

160

姥姥也打着圆场，说娃受惊不想上学就不要勉强了，在家多待几天。

母亲语气很坚决，说不行，越不去越不想去，必须坚持去，习惯了就好了。她还是硬从姥姥怀里把我拽了出来，几乎是揪着我押往幼儿园。

有一个原则性很强的母亲和一位护短的姥姥，这怕是很美好的人生吧。

幼儿园真的不如家里，家里想赖皮了，往姥姥怀里一倒，她就摇着晃着给我讲故事说花花。必须离开这里，他们讨厌我了，兴许会将我送回家。我就试着狠哭，撕破嗓子般干号着，结果发现，干号、抽泣、打闹，怎样折腾老师都不管——娃娃太多了，老师忙得根本管不过来。

看来，我得自己逃离这里了。厕所那个缺口已经堵住了，不堵也不是逃跑的路。不过即便再有缺口，我也不会贸然钻了。还是得想其他办法逃出这个鬼地方。我溜到接近大门的墙边，避免被发现，顺着墙根爬过了门口。

回家的执念，怂恿"我"又一次逃离了幼儿园。

越狱成功！撒腿就跑回了家。姥姥才不问放学没，抱着我就亲起她的宝贝疙瘩。

母亲照例放学到幼儿园接我，没有接到，老师们也没留意到我的失踪。不过那次以后，老师总将我拉到她身边，说着"把李老师的闺女再弄丢就出洋相了"。在老师视线之内玩消失，难度太大了。

既然出不了幼儿园，我干吗要进去？

于是，我开始了装病生涯。最拿手的是肚子疼，疼就疼，是我疼，别人怎么会感觉到？两次得逞后，母亲发话了：肚子疼也是病，是病就得看，喝药打针都行。肚子疼也就不能多吃，还不能动，得静养……母亲那一套无缝可钻的铁律，堵死了我装病这条路。

果然姜还是老的辣，母亲用智慧轻而易举地粉碎了"我"装病逃学的幻想。

我只好继续去幼儿园。

只要心里有想法，只要执着去做，终究会有突破性实现。这就是我逃学生涯的最高阶段悟出的道理。别笑，显然也影响了我以后的人生。

在幼儿园里转着寻找突破口。两三天后，有了新思路。

那棵树几乎是紧挨着墙，爬上树，从树上到墙头，在墙头上慢慢爬着溜到墙的尽头，那堵墙越来越矮，最矮处的外面是可爱的大土堆。我观察了，跳下去一定不会有问题，眼一闭就行。

不过好几天，总有几个比我还黏人的家伙老拉我一块玩。那一套想法在心里已经顺利排演了很多遍，就是不能马上操作，得防备他们给老师打小报告。

终于来机会了，我开始实施想象了几十遍的"越园计划"。

上树，比较顺利，转到了墙上，胆战心惊地溜过了墙，顺利下降到矮墙，爬到尽头，转过去，眼一闭，心就欢喜地飞了起来。

而后，而后我的哭声响彻整个村庄的上空。

那堆土被运走了，我想当然地闭了眼跳，不出事才怪。

骨折，姥姥心疼地直抹泪，说"伤筋动骨一百天"。当"一百天"传入我的耳膜时，我顿时觉得值了。

有姥姥陪着，有好吃的。可时间长了，竟然浑身不舒服，躺在床上就像把人放在热烫烫的平底锅里，翻来覆去都是难受都是不舒服。

有一天我终于憋不住了，悄悄给姥姥说，想去幼儿园了。

至此，我的逃学生涯，画上了句号。

看着女儿满是泪的倔强的小脸蛋，我蹲下来，揽她入怀，轻轻地拍了起来……

逃学都能逃出一番道理，真是个机灵有趣的孩子。

为了逃学，"我"简直是无所不用其极，哪怕骨折，也觉得"值了"。

事非经过不知难，有些事只有自己经历了，才知其中的苦与甜。当"我"觉得逃学憋得自己难受时，我便不再逃学。又或许，这就是成长。

162

夏天的记忆

儿时的认知简单又清醒：夏天，就等于冰棍。

这怨不得我，你听——

知了在树上一声接一声，一声紧一声，声嘶力竭地喊着"冰棍冰棍"；青蛙在池塘里遥相呼应，也可着劲叫着"冰棍冰棍"；就连那算黄算割鸟（即杜鹃），也在声调怪异地嘀咕着"冰——棍，冰——棍"；倘若刮过一阵燥热的风，风里都凌乱着"买冰棍去，买冰棍去"，一浪高过一浪的怂恿声；抬头，那耷拉着的杨树叶桐树叶槐树枝，都在有气无力地祈求着同样有气无力的我，"给我冰棍吃，给我冰棍吃"……

真真不敢竖耳听，所有声音都与冰棍有着千丝万缕的联系，扯不断，撕不开，听得我心烦嘴干。

冰棍，二分钱一根，舌尖只是轻轻滑过，那股清清凉凉会直达心底。心有底吗？倘若有，一定给冰棍留了个最抢眼的好位置。说到冰棍，还有件气人事，不先倒出来憋得慌。

一次，我好不容易下决心买了根冰棍，一直眼巴巴地瞅着它，看哪里快化了快滴下来了才赶紧用舌头接住，都舍不得舔一口。恰巧二哥回来了，一脸讨好的笑，说让二哥舔一口，就轻轻一口。看他那可怜样，就犹犹豫豫地举了过去。结果，结果被他狠狠地咬了一大口。天哪——是正儿八经地咬，还是一大口，一口下去半根都不见了！气得我狠狠地摔掉手里剩的那半根，一屁股蹲到地上，不顾眉眼地号啕大哭。

真是小孩子天性，把所有的声音都强行解读为"冰棍"，可见冰棍在"我"心里根深蒂固。

这世上最残忍的事就是吃掉一个小朋友最喜欢的零食。"我"从"舍不得"到"犹犹豫豫"，再到"狠狠地摔"，进而"号啕大哭"，情绪变化层层递进，可见冰棍在"我"心里的地位有多重要。

结局是：没哭来新的，还失去了剩下的。或许是从那以后，我学会了处理糟糕的事情：再糟糕，也要争取有个相对好点的结局，而不是破罐子破摔失去所有。

那时，巷子里来了推着自行车卖冰棍的。别人是傻看着，抿着嘴，兜里没钱。我也抿着嘴傻看着，却是用手死死地摁住衣兜，好像一不小心没摁实在，一枚枚二分钱就会从我衣兜里飞出来，钻进卖冰棍人的兜里。要知道，买一根冰棍的二分钱可以租到一本书，能美美地看一天，除非收摊，否则绝不会有人撵你走，那才叫舒服。

让嘴巴凉快还是让心里滋润，是我常常纠结的。很多时候，我是一步三回头地离开。偶尔买根，拿在手里，送至舌尖，似乎也不是纯粹的清凉，夹杂了丝丝自责或隐隐遗憾。心思重的孩子，都不能好好吃根冰棍。

夏天的记忆当然不只是冰棍。

那时候，家境好的妈妈会给孩子买塑料凉鞋，没钱的妈妈也会好好爱自家孩子，就有了妈妈们发明的"布凉鞋"。布凉鞋也就成了妈妈们比心灵赛手巧的秀场。从鞋面布料的选择，到鞋面镂空处的设计，可谓匠心独具。各种花色不同形样的布凉鞋，倒显得塑料凉鞋过于单调，没人羡慕。

童年的可爱在于：物质是与财富有关，贫穷却可以完胜富裕。

起初裙子只在一年才能看一两次的电影里见过，也看得出裙子是一条好看的布料横缠在腰间。一次在春妮家玩，她脱了长裤，将一截花色粗布缠在腰间，再用麻绳一绑，说自己也有裙子穿了。大家都觉得好看又好玩，立马各自跑回家翻箱倒柜找布料……想想吧，几个小疯丫头，腰间绑着布料，扭着，跳着，唱着自编的歌，好不快乐。突然，一条"裙子"滑落在地，一片嬉笑，笑声未落又有滑落的，小孩子的快乐是实实在在属于自己的。多年后，拿布料当裙子的快乐已定格在记忆里，永不褪色。

关于短袖，记忆里最最深刻的却是一件"奇葩"短袖。原本是深秋时穿的上衣，布料带着闪闪发光的金丝线。只因闪光好看，才不管布料的薄厚，两个衣袖都磨破了，硬要妈妈剪掉，变成短袖穿。可怜的孩子，哪怕真是丑小鸭，也期待着凭借闪光的衣服让人注意到。

而今流行的七分裤，我四十八年前就已穿过啦。个头猛长，又没新衣服穿，脚脖子越露越多，最后连小腿也不甘寂寞地跟着脚脖子显摆起自己，不是七分裤是什么？

晚上睡觉习惯抱着凉席占门洞处，两边通风，很是凉快。虽然大人们不停地叮咛，说过堂风多厉害多厉害，睡着了风一吹就感冒。凉快是拒绝不了的，才管不了那些禁忌，睡醒时都已在炕上。

儿时夏天的记忆，真像天上的繁星，只是躺在藤椅上讲故事的人已离开了几十年，夜里抱我离开门洞回到炕上的人也离开了十几年，院子里陪我跑来跑去的小哥哥也在二十多年前的车祸中离开了……记忆因此尘封了很多年。

亲人们一个又一个的离开，令人唏嘘。而美好的记忆，则成了寒冬里的暖。

有回忆的青春都不赖

想起青春，几乎一片苍白。

丑不要紧，活络点，也是招人待见的好绿叶。轴不要紧，好看点，也有可以被原谅的本钱。倔不要紧，聪明点，也能拿出正确的坚持让人高看。笨不要紧，慢一点，也有聪明的可以让你去尾随。根本没有要命的错，只有直接毙命的组合。

而青春时的我，丑轴倔笨，简直是天衣无缝连神仙都会耸肩表示无奈的组合。

作者用幽默风趣的语言进行自黑，可见"我"是个乐观积极、诙谐有趣的人。

在长相这件事上，我算领教了社会学与遗传学的霸道与无情，对它恐惧又绝望：对你伤害最大的可能是与你最无关的，如爹妈给的长相。爹妈单个儿瞅，都蛮好看的，却比中头彩都难地居然神组合出看哪儿都别扭的你。

拒绝直面长相，这是我保护自己的独门绝技。凡是自己不能做主的，一律视而不见。人生要幸福，规矩自己定。

我很倔，不承认自己的笨，苦学死学，刻意拒绝玩，似乎不玩就是学，哪怕看似安静成雕塑却心猿意马。每每下课，除非去厕所，我都会打开课本预习下节课的内容。书是打开着的，目光却会瞥向热闹的窗外。

我的座位总是挨墙靠窗。只是我也不大明白，是因为学习差才被发配戍守边疆，还是因为总镇守边疆而学习差。不过那种位置倒便于我神游四方。

窗外总是学霸的身影。一下课他们就逃到教室外面，吃着零食，嗑着瓜子，谈天说地好不热闹。他们看上去就不学习，上课也说小话，可成绩却是无可挑剔。奔来跑去打来闹去的多是比我还渣的学渣，上课趴在桌子上休眠，下课就成了喷涌着的活火山。

至今我都觉得成绩这家伙特势利，它喜欢锦上添花不愿雪中送炭，见了那些门门都超好的学霸，像哈巴狗般屁颠屁颠地摇着尾巴总是讨好。而一见努力想靠近它的我，就像躲瘟疫般满脸生厌地逃离。以至于多年后看到班里一孩子在作文里写的话，还会崩溃：

"成绩如果是个人，我会天天讨好它；成绩如果是个神，我会天天烧香拜它；成绩如果是个鬼，我会半夜三更起来陪它聊人生……我都想把自己的名字改为'赵成绩'，幸运女神会不会就能降临……"

句句情真意切，不禁让读者猜测：是被折磨成怎样的孩子发出的呐喊？

如同看到了三十多年前的自己。

这样也挺好。这样的我没人打搅，连苦恼都很简单——只想怎样学好习。不像美丽或学习好的同学，她们的苦恼太复杂：这个送礼物那个递纸条，该喜欢哪个？去年的衣服已经跟不上今年的审美了，该买怎样的新衣服……

"我"是个乐观豁达的人，能换个角度看问题，自己给自己找个台阶下。

那时候唯一陪伴我的是写日记。

最好的本子一定是日记本，也一定是塑料封皮。就放在枕头下面，吃完饭写几句，晚上睡觉前写几句。

学习不好没有朋友，似乎寂寞冷静，可拿起笔趴在床上写起日记，同样有滋有味。智力可以阻止我成绩的提升，相貌可以限制我被人喜欢，脾性也导致我沦为孤家寡人，可写起日记就不同了——没有人可以阻止我的想象，限制我的快乐。

日记里，我摇身一变就成为智慧与美貌并存的公主，在我幸亏"我"有日记的陪伴，让"我"的心灵有了寄托，情感有了宣泄的出口。

"我"青春时的静默竟然赢得了同学们无条件的信任。而时间流逝，那些只有"我"知道的小秘密竟成了"我"的写作素材。真是，此时播种，彼时开花。谁又能说静默不好呢？

青春是一个大剧场，不管是观众，还是主演，"能留在记忆里的，都是值得的"。

的身上也可以发生美丽的故事，而不是现实里的事故。

我不曾抑郁不曾堕落，真得感谢日记：它时而是不良情绪的出口，时而是收纳阳光的小窗子。写日记更像睁着眼做美梦，梦醒后笑笑，而后继续低头做永远看不懂蒙不对的习题。

对了，青春时的我还是倾听者的最佳人选。

我也不知道她们何以都选了我，可能觉得跟我说话都是莫大的面子，何况给我说自己的小秘密。又或许她们觉得秘密说给没有朋友总是静默着的我才是安全的，就如同说给树洞。青春时的我没有辜负这份脆弱且没有理由的信任，只是多年后这些小秘密大多乔装打扮溜进了我的文字里。连我也纳闷，它们在我心里藏了三十年竟依然晶莹剔透，如枝头露珠。

如此看来，我的青春倒像看专场的华美演出，观众席上永远只有一个我，台上演员变化不停，却都铆足劲地演好自己的角色。

青春里似乎没有对错，没有美丑，能留在记忆里的，都是值得的。至少，这些回忆可以给如今更平庸的生活做人工呼吸。

跳着翻书的日子

　　落笔，竟下意识地避开了"读"，很小心地用了个"翻"，且如实地再现了当时对待书的方式——"跳"，几十页几十页地快进，像跨栏。

　　可不，跳跃着从书里挑选自己喜欢的来读，明目张胆地厚此薄彼，像吹动书页的清风。说"翻"，自己跟书，都不至于脸红。只是，那些没有碰触到我目光的书页，会不会深感委屈备觉辜负？想来合上书时，被忽视的句子、段落、篇章，定会闹情绪的，会让书页变得狂躁，甚至会有意划伤无辜的手。

　　可扪心自问，真的有两段跳着翻书的时期。

　　初二时迷上了武侠小说。我，一个女孩，原本就生得勉强长得憋屈，咋看都与"清秀""文静""漂亮"无缘。往哪里一站，在场的女孩们都会在对比中脸上泛光心里得意。就这副德行，竟还错上加错迷上武侠。

　　租书看，抢哥哥的书看，看父亲看过的，获得书的途径还挺多。如今想来，自己一定是个没大主意大方向的人，容易受环境影响盲从他人，痴迷武侠小说就源于家里的读书环境。

　　每每拿到书，急不可待，先从目录里找，直接翻到有打斗场面处。没目录提示的，快速地一目一页，像在文字里跨栏，只挑武打场面细细揣摩。

　　《天龙八部》里，"聚贤庄大战"，乔峰一掌，将酒坛瞬间化为千百块碎片，何等霸气。想想，人家乔峰就只是手掌一起，

把跳着读书比喻为跨栏，形象生动。

把书当人来写，赋予人的情感，会委屈、会闹情绪、会变得狂躁。可见"我"对于文字和书籍的敬畏与珍爱。

碎成千百残片的酒坛就化作了钢镖飞刀，伤人无数。再想想，乔峰还需要武器吗？随意一坛水，每一滴瞬间都可能化作夺命神珠。

就只是这么想一想，手就情不自禁地摆动起来，似乎沾上了乔峰的灵气。常常只是一个画面，就在想象中生发出很多新的情节与场面，大脑里的打闹气氛会持续很长时间，无法分神注意别的，更不用说专心学习了。

《笑傲江湖》里"比剑夺帅"，岳不群与左冷禅最后的较量，不男不女的形样委实让人不爽，宁愿他只有紫霞内力而失败，至少人格上是光灿照人的。《射雕英雄传》里"华山论剑"，第一次大战七天七夜只为《九阴真经》，而第二次郭靖对战黄药师、洪七公，接三百招而不败，太震撼了，以至于几十年后爬华山专门找到题有"华山论剑"的石头来合影。

那个阶段，脑子里尽记些发亮的词儿，出口就是"降龙伏象功"，闭嘴就来"兰花拂穴手"，抬腿说"旋风扫叶腿"，伸手喊"六脉神剑"，拿根枯枝挥舞出"玉女素心剑法"，一巴掌甩出去道"黯然销魂掌"，更不用说"降龙十八掌""独孤九剑""大慈大悲千叶手"……

举例说明"我"在看武侠小说时是如何跳读的。详细说了"我"对书中精彩情节的认知和感悟，以及"我"对那些招式的细致描述，都可见"我"对武侠小说特别痴迷。

那时每每看到不平事，心里就噼里啪啦沸腾起来，似乎各门派各招式就开始踢里咣啷在脑子里比武论英雄。恨自己只是记了招式没师父亲授，否则岂不一掌击碎所有不平，一腿扫尽天下不公。

那时，不以上课回答对极难的问题为荣，却以知道"飞雪连天射白鹿，笑书神侠倚碧鸳"为傲。

醉心武侠小说的日子，绝不会瞄一眼别的，可不，除了神奇无比的招式，别的都是浮云。

青春的喜爱变化太快，高一时迷上了琼瑶，第一本看的是《窗外》，从此心就跑出了教室，很长一段时间没回来。而后听《潮声》的起落，看《水云间》的景致，触摸了《梅花烙》的疮疤，以至于《心有千千结》却无处可解。曾傻坐着看《彩霞满天》，看得自己潸然泪下，结果考试成绩一塌糊涂。

从琼瑶到亦舒，从亦舒到席绢，实在没啥看了又拿起武侠小说只找爱情看。现在想来那时真是可怜又贫乏，不知道梅吉和神父拉尔，不知道简·爱与罗切斯特，不知道玛格丽特与阿尔芒……根本就不知道文学是一道世界范围的盛宴。才会再次拿起武侠小说，又开始跳跃着找，只为翻找爱情，真是滑稽至极。

从痴迷武侠小说，到痴迷言情小说，再到回归武侠小说寻找爱情。"我"也算博览群书，笑傲书海了。

小鱼儿面对苏樱的无奈，沈浪只记挂七七，用情专一又清冷高傲的李寻欢，呆萌的张无忌与精灵的赵敏，令狐冲与任盈盈才是神仙眷侣。那段时间像花痴，看谁都像楚留香，都像胡斐。

好在高中的学习氛围浓，稍微一愣神，就被别人甩出几条街，第二学期期中考试的成绩敲醒了我，撇下虚幻的爱情故事，收心学习去了。

除了这两个阶段，再无跳着翻书的日子。书，怎能被跳着翻看而不是捧起细细品味？

171

这个世界，虎子曾来过

虎子是二哥养的一条狗。说是正宗的狼狗，后来的事实一再证明，它只有狗的忠诚却无狼的凶狠，有点对不住"狼狗"这俩字。

说它是二哥养的狗，一点都不夸张。一九七六年距离现在并不遥远，很多人的记忆应该还很深刻——贫穷与饥饿。一个冬日，二哥推门进来时怀里抱着一只狗，蔫不啦唧半死不活样。母亲连声说，扔了扔了，赶紧扔了，连你都吃不饱还想养狗？

二哥没有回应。母亲急了，冲过来就要夺过小狗。二哥转身护着狗，还是低头不作声。母亲气得狠狠地踹了他一脚，骂道，反了你了？要养狗你就喝西北风去！二哥一向很听话，那次却表现得很是固执，任谁劝都不听，就是要留住怀里那个黑不溜秋的小可怜。

那只小狗，就在大家都很嫌恶中勉强地留了下来，二哥给它取名"虎子"。大哥说，就那半死不活的熊样，叫"狗熊"都糟蹋了狗熊，还想跟老虎攀亲？可二哥才不理会大哥的挖苦，依旧一天八次声音响亮地"虎子""虎子"地喊。

虎子很孱弱，二哥为它啥事都干过。

家里只有八十多岁的姥姥一直吃麦面馍馍。母亲总说，你们小，享福的日子长着呢，吃坏吃好都能撑住。姥姥不行，得吃好的。二哥竟瞄上了姥姥的麦面馍馍，偷来泡给虎子吃。曾有一次可恶到姑姑给姥姥带来一罐麦乳精，我们都没尝过一口，

在人都吃不饱饭的年代，"一向很听话"的二哥却执意要养一条半死不活的狗，可见二哥对狗的喜欢。

172

他竟偷偷舀了一勺子放在掌心让虎子舔。瞧瞧，为了虎子，他连姥姥的主意都敢打。

村里一有杀猪的，二哥就殷勤地帮忙烧开水，递家伙，就是想要一点下水给虎子增加营养。更气人的是，母亲给我们盛饭时，二哥眼尖手快，总是把稠的那碗端走。背过大人，偷偷地挑出来一些分给虎子。我们是他的亲兄妹，他竟然为了一只狗跟我们争稀稠。

在二哥千方百计、尽心尽力的照顾下，虎子慢慢壮实了，凶悍也暴露出来了。事实是，它已比村里任何一只狗都高大威猛了。一次二哥做错了事，父亲气得举起扫帚要打他，虎子不依了，"汪、汪汪"地叫着就扑了上来，一口咬住了扫帚，插到他们中间，盯着父亲虎视眈眈，父亲只好作罢。

虎子俨然成了二哥的保护神。

我永远不能原谅自己的，是那次收麦时对虎子的伤害。

那时麦子成熟了都是用镰刀收割的。我也上了小学，负责给在地里收麦的大人们送凉开水，一次拎两个水壶。结果没放稳当，一个水壶摔倒，破了。我先吓呆了：天哪，我弄坏了一件家当，一向惜物的母亲会怎样收拾我？想想都害怕。我看到母亲用衣袖擦着脸上的汗朝我走来了。急中生智，我过去就踹起虎子，边踹还边骂："再跑，再跑，看你把壶撞破了……"母亲到了跟前，也踢了虎子几脚。

虎子一点声音也没发出来，二哥就在地的那头装车。

那天，虎子回到家就一直躺在墙角，心里很愧疚的我走过去看它，抚着它的毛。突然，我看见它眼角滑出了泪。直到现在，我说我看到过狗哭，却没人相信。

第二天，虎子又前爪一伸，放在了我的肩头，而后伸长舌

为了养活虎子，二哥费尽心思，他从心底里爱着虎子，把它真正当成亲人。

万物皆有情，二哥真心实意地为虎子付出，终于收获了虎子对他的回报。二哥给虎子一个家，虎子护二哥一生周全，人狗情深。

虎子心知肚明，却一声不吭，心甘情愿为"我"扛下了罪责，只用一行清泪来表述自己的委屈，读完让人内心受到极大的触动。

173

头在我脸上乱舔，它原谅我了。或许它压根就没往心里去，自然就谈不上原谅不原谅。

一个春天，二哥和我骑上摩托准备去五里外的镇上盖房子，虎子拦在车前硬是不让出门，一向很听话的虎子任二哥怎么呵斥也不退让。我们好不容易推车出了门，刚骑到村口，虎子飞一般蹿到车前，迫使二哥停了下来。车刚停稳，虎子一口就咬住了二哥的裤腿，向家的方向扯着。二哥喊了几声"虎子"，它也不松口。二哥生气了，从未动过虎子的他一脚端了过去，虎子趴在了地上，显然被踢伤了。

"走吧，虎子不会再追了。"我扯了一下二哥。

"真是见了鬼，虎子今天咋啦？刚才踢得有点重。"二哥嘀咕着又踩了油门。

我想错了，虎子还是一瘸一拐地狂叫着紧追着，几乎和我俩同时到达。

就是那一天，二哥出事了。

二哥总说，他闲不住是因为他属猴，猴屁股坐不住。他的闲不住将他在别人休息时推上了不归路。只因没接受虎子的劝阻？莫非冥冥之中，虎子凭着灵性预感到二哥面临的凶象，忠诚的它便不顾一切地阻拦？

村里好心的老人叮嘱我，千万不能让虎子到哥的灵前，要不哥来生就不能转世成人了。我又怎能抗拒得了虎子流泪的双眼？只因我们固执地没接受虎子的劝阻，才有了今日流不完的泪伤不尽的心！

虎子陪着我守了几夜长明灯。

要入土了，虎子在墓穴边发疯般张大嘴巴吐着长舌头，蹦着，叫着，帮忙的乡亲们吓得不敢靠近。我哭着，对虎子说着也只

虎子是一只有灵性的狗。它预知到了危险，所以才千方百计地阻止二哥。哪怕被呵斥、被踢伤，它也要拼尽全力挽救二哥。

有虎子才能听懂的话，搂着它的头，硬将它从墓穴边拖开。

二哥走后，虎子似乎也不那么尽职了，往往大半天甚至一整天都不见它的踪影。后来才听地里干活的人说，虎子常常一动不动地卧在二哥的坟前。再后来，虎子不怎么吃东西了，再好的饭菜，只是偶尔尝一口，甚或连看都不看一眼。也请了几个兽医，都看不出有什么病。

两个月后，虎子绝食而去。

六十多岁的老母亲硬是不让我插手，自己很费力地在后院挖了一个坑，还给虎子戴了顶小孩的帽子，旁边放了四个馒头、一个碗、一双筷子。据说那样埋，虎子来世就能转生成人。

多么忠诚，且有情有义的狗！生死相随，永不弃主，读到此处，让人忍不住感慨唏嘘，泪流不止。

阅读与练笔（五）

阅读理解

《一九七〇年的记忆》

1. 下列对文章有关内容的分析和概括，不正确的两项是（　　　）

A. 面对外婆的到来，一向做事镇定的母亲变得异常慌乱，这主要是因为生活极度贫困，母亲生怕外婆为自己担心。

B. 本文通过语言描写、行动描写、神态描写、细节描写等写出了母亲等待外婆到来之前焦躁不安、异常慌乱的表现。

C. 面对外婆"还有啥是借的"的问话，母亲一口否认是借来的，表现了母亲爱慕虚荣的心理。

D. 本文通过语言描写、动作描写和细节描写，逼真地表现了弟弟天真无邪、活泼可爱的性格特征。

E. 文章最后写"多年后，母亲说要来城里看我"，"我"的处境和当年母亲的处境完全相同，所以那一刻，"我"的记忆又回到了一九七〇年。

2. 请简要概括母亲这个人物的特征。

3. 文中有多处细节描写，请找出两处，认真品味，并说说这样写的好处。

4.文章结尾两段文字是否多余？请结合文本，简要说明你的理由。

《那些不曾被辜负的"年"》

1.那些不曾被辜负的"年"，具体体现在哪里？

2.品味下列画线的句子，分析其表达效果。

（1）或许就是那会儿，年味儿趁机溜进了每家庭院，开始悄悄地发酵，膨胀，只等某个时刻灿如烟花般炸开。

（2）老人们剪刀一旋一转，大红的喜庆的飞禽走兽就跃上了窗。

3.联系上下文，研读以下文段，用生动的语言描写作者所记叙的画面。

已经钻进被窝里了，手摩挲着新衣服，却怎么也睡不着了。越躺反倒越激动，越激动越想说话，越说话越清醒。母亲看着我们躺着又睡不着，就开始叮咛：……

4.文章结尾"好在，我还有回忆来取暖"有什么深意？

《这个世界，虎子曾来过》

1.请你仔细阅读短文，说一说二哥为虎子做过哪些出格的事？

2.文中的虎子是一只怎样的狗？请举例说明。

3. 联系上下文解释下列词语：

（1）虎视眈眈

（2）冥冥之中

4.听了虎子的故事，你有什么话想说呢？请简要写一写。

邀你试笔

1."如梦如烟的往事，洋溢着欢笑。那门前可爱的小河流，依然轻唱老歌。如梦如烟的往事，散发着芬芳。那门前美丽的蝴蝶花，依然一样盛开……"孟庭苇的一首《往事》唤起了多少人对于童年往事的追忆。

请以"我和_____的往事"为题进行作文。

要求：①将题目补充完整，可以填写一个人、一盆花、一本书，也可以是一个地方、一个物件等等。②写出真实的感受，独特的发现，言之有物，避免空洞抒情，不得出现真实的人名和校名。③不少于600字。

2.童年是什么？是"忙趁东风放纸鸢"的快乐无忧，是"也傍桑阴学种瓜"的乖巧懂事，是"短笛无腔信口吹"的自由自在。那些长在记忆里的童年往事，总让你难以忘却。

请以"忘不了儿时那件事"为题，写一篇不少于600字的文章。

要求：①抒真情写真意，远离空洞的无病呻吟。②不得出现真实的人名和校名，文体自选，诗歌除外。

3.假如你有一次穿越回童年时代的机会，你想去哪一年？想一想那一年发生了什么事，或者遇上了什么人，那一年你明白了什么，收获了什么，以至于关于那一年的那件事、那个人时常在你记忆中萦绕。

请以"那一年，我长大了"为题，写一篇600字以上的作文。

要求：①叙述清楚，感情饱满。②不得出现真实的人名和校名，文体自选，诗歌除外。

"阅读理解"参考答案

《一九七○年的记忆》

1.C、E（C项，"表现了母亲爱慕虚荣的心理"错，母亲这样否认，主要是不想让外婆为自己操心，并不是追求虚荣或爱慕虚荣；E项，"我的处境和当年母亲的处境完全相同"错，母亲当年是因为远嫁合阳，生活贫困；"我"是因为工作不稳定，手头经济拮据。处境并不完全相同。）

2.（1）一向镇定，但在自己母亲要来时变得慌乱无主；（2）精心做菜做饭，耐心服侍自己的母亲；（3）远嫁外地，生活捉襟见肘，但坚强地挺着；（4）对于自己母亲的到来，想方设法遮丑装阔，不想让母亲为自己操心；（5）在自己母亲面前，刻意掩饰自己的贫苦，却破绽百出；（6）充满自信，对能过上好日子充满信心。（答出三点即可）

3.（1）当"我"看见弟弟竟然用小刀在桌子上划道道，"我"一巴掌扇过去，喊了声"把桌子弄坏了咋给人家还"，而后，"我"捂住了自己的嘴巴，紧张地看着母亲。这一细节描写既表现了"我"一时着急的心理，也表现了"我"担心会被母亲责备。（2）母亲先给外婆舀了一碗，是稠的。给孩子的，是有几根面条的稀汤水。这个细节表现了母亲对外婆的优待和爱，也写出了"我"家贫困的境况。

4.我认为结尾两段文字并不多余。理由：（1）从内容上来说，"我"在城里生活的窘迫和母亲当年的窘迫有些相似，母亲来看"我"时，"我"的心理和一九七○年外婆来看母亲时的母亲的心理非常相似，都是怕母亲担心，但是硬撑着装阔，让母亲觉得自己的闺女过得还不错，这种内容上的相似性深化了文章的主题。（2）从结构上来说，以自己的经历和生活照应母

180

亲的经历和生活，用"那一刻，我的记忆又回到了一九七〇年"一句照应文题，前后呼应，显示了文章结构的完整。（3）从写作手法上来说，"我"的经历略写，而母亲的经历则详写，有详有略，详略得宜。

《那些不曾被辜负的"年"》

1.那些不曾被辜负的"年"，具体体现在：离过年还有好几天，家家户户的院子里就扬起了欢快的尘土，大人小孩都忙着打扫，连后院的柴草堆和杂物间都整理得整整齐齐；"我"跟着哥哥花一天时间去砍柏树枝回来，大年初一熏"年"；女人们用简单的食材费心做出各种花样小吃；母亲在炕边的火炉上炖肉，肉香诱人；"我"满心期待地穿上新衣服，去串门子，捡鞭炮，灰头土脸却尽是欢喜。

2.（1）"炸开"一词用了比喻的修辞，把年的到来比喻成烟花炸开。写出了"我"对年的焦急盼望，表达了年来临之后，内心极度的欢喜。

（2）一个"跃"字赋予老人们剪出的飞禽走兽生命和活力。它们不是被贴上去的，而是像活了一样，自己跃上了窗子。不仅表现了窗花形象的生动传神，更表达出"我"内心的快乐雀跃。

3.画面描绘如下：橘色的灯光暖暖地跳跃着，炕边的火炉上咕噜咕噜地冒着热气。小孩躺在被窝里，总是调皮地向外探出头，不时地吸吸鼻子，或者偷偷地转过身去摸摸放在旁边的新衣服。新衣服叠得整整齐齐。母亲坐在旁边，温柔地拍着小孩的被子，轻轻地哄孩子睡觉……

4.文章的结尾"好在，我还有回忆来取暖"，一个"好在"表达了往事充满快乐，那些"年"不曾被辜负，"我"内心满足而了无遗憾。而"还有回忆来取暖"则充满忧伤。因为时代的发展，生活节奏的加快，缺少了仪式感的"年"开始被轻慢，被辜负……没了过年的喜庆与快乐，多了"度日如年"的负重与不堪。

《这个世界，虎子曾来过》

1.（1）二哥偷姥姥的麦面馍馍和麦乳精给虎子吃。（2）二哥殷勤地帮人家杀猪，只为给虎子换取可以补充营养的猪下水。（3）二哥吃饭时，总挑最稠的一碗端，只为把碗里的食物分给虎子吃。

2.（1）虎子是一只忠心护主的狗，在父亲气得举起扫帚要打二哥时，虎子立刻扑上去，冲着父亲"汪，汪汪"直叫，且虎视眈眈盯着父亲。（2）虎子是一只聪明伶俐的狗，它预知到了危险，所以千方百计地阻止"我"和二哥去县城。（3）虎子是一只绝对忠诚的狗，在二哥去世之后，它绝食而亡，追随二哥而去。

3.（1）虎视眈眈：意思是像老虎盯着猎物一样，伺机攫取，形容关注者不放松、不懈怠地关注着被关注的事物。文中指虎子为了保护二哥，狠狠地盯着父亲的样子。

（2）冥冥之中：指人无法预测，人力无法控制等不可理解的状况。文中指虎子凭着灵性预感到二哥面临的危险，忠诚的它便不顾一切地阻拦。

4.（1）一只忠诚的狗会与主人相伴一辈子，永不离弃。（2）狗狗很单纯，它只会遵循自己的本能，给你它最喜欢的，把它的一生毫无保留地交给你。（3）在这个世界上，狗是人类最忠实的朋友、最忠诚的伙伴，它有情有义，可以为你做任何事情！所以请善待、信任你的狗狗！（答案不规定，言之有理即可。）